EMMANUEL LEVINAS

Coleção FAJE

Paulo Henrique Cavalcanti

·····

EMMANUEL LEVINAS

Do ser à substituição
e a subjetividade
responsável

Edições Loyola

Dados Internacionais de Catalogação na Publicação (CIP)
(Câmara Brasileira do Livro, SP, Brasil)

Cavalcanti, Paulo Henrique
  Emmanuel Levinas : do ser à substituição e a subjetividade responsável / Paulo Henrique Cavalcanti. -- São Paulo : Edições Loyola, 2024. -- (Coleção FAJE)

  Bibliografia.
  ISBN 978-65-5504-371-6

  1. Ética 2. Filosofia francesa 3. Lévinas, Emmanuel, 1906-1995 - Crítica e interpretação I. Título II. Série.

24-213846
CDD-194

Índices para catálogo sistemático:
1. Filosofia francesa   194

Cibele Maria Dias - Bibliotecária - CRB-8/9427

Conselho Editorial da COLEÇÃO FAJE
Prof. Dr. César Andrade Alves, SJ (Diretor)
Profa. Dra. Marly Carvalho Soares (Filosofia/UECE)
Profa. Dra. Miriam Campolina Diniz Peixoto (Filosofia/UFMG)
Prof. Dr. Alfredo Sampaio Costa, SJ (Teologia/FAJE)
Prof. Dr. Cláudio Vianney Malzoni (Teologia/Unicap)

Preparação: Maria Teresa Sampaio
Capa: Ronaldo Hideo Inoue
  (projeto gráfico e execução)
Diagramação: Sowai Tam

Edições Loyola Jesuítas
Rua 1822 nº 341 – Ipiranga
04216-000 São Paulo, SP
T 55 11 3385 8500/8501, 2063 4275
editorial@loyola.com.br
vendas@loyola.com.br
www.loyola.com.br

Todos os direitos reservados. Nenhuma parte desta obra pode ser reproduzida ou transmitida por qualquer forma e/ou quaisquer meios (eletrônico ou mecânico, incluindo fotocópia e gravação) ou arquivada em qualquer sistema ou banco de dados sem permissão escrita da Editora.

ISBN 978-65-5504-371-6

© EDIÇÕES LOYOLA, São Paulo, Brasil, 2024

107311

*Para Paulo e Pe. Ulpiano, SJ (*in memoriam*),
por serem responsáveis.*

Sumário

Introdução 9

Capítulo 1
A afirmação no ser e a constituição do Eu como Mesmo 19
1. A situação de guerra revela o ser 20
   1.1. O mal de ser 24
2. O ser em geral: "Il y a" 29
   2.1. O horror do "Il y a" 35
3. A hipóstase 37
4. A identificação: o Eu como Mesmo 43
   4.1. Gozar da vida: ser si mesmo na fruição 44
   4.2. Identificação pela posse 51
5. Do questionamento da ontologia à passagem
   ao outro 62

Capítulo 2
**Do ser ao outro,
a responsabilidade pelo rosto** 67
1. A saída do ser: o bem além da essência 68
   1.1. As interpretações da fórmula "além do ser" 68
2. O bem além do ser se diz na responsabilidade 74
   2.1. A situação ética: o questionamento
        e a vergonha por ser 78
   2.2. Questionamento da espontaneidade de ser:
        a vergonha e a reconversão 83

3. A epifania do Outro 86
   3.1. A epifania do Outro é resistência ética 90
   3.2. A relação Eu-Outro é assimétrica
         e irrecíproca 93
4. A liberdade posta em questão
   na situação ética 96
   4.1. A liberdade medida com a ideia do infinito 101
5. A epifania do Outro é Rosto 104
   5.1. O Rosto apela à responsabilidade 108
   5.2. A transformação do Eu em bondade 111
6. A ética como responsabilidade pelo Rosto 118

Capítulo 3
O infinito da responsabilidade leva à substituição 125
1. O Outro no mesmo: o desinteressamento 126
2. Responsabilidade e proximidade 130
   2.1. A proximidade como não indiferença 131
   2.2. A responsabilidade na aproximação
         é obsessão pelo Outro 133
3. Refém do Outro 139
4. A substituição, o Outro no Mesmo 142
   4.1. A responsabilidade chega à substituição 144
5. Na substituição o Eu é único 150
6. A nova semântica da ética desde a substituição 155
7. A ética como responsabilidade estabelece a paz 159

Considerações finais 163

Referências bibliográficas 179

Introdução

A atual situação de esgarçamento do tecido social fragiliza o pensamento e torna alérgicas as relações sociais, repelindo a alteridade. O conflito e a violência das relações, desde as mais íntimas até as internacionais, mostram o esmaecimento de valores, de princípios e do tecido ético em nossa sociedade, revelando-se como o grande desafio do ser humano atual. Torna-se quase impossível viver em paz e em segurança quando o Outro desaparece como ser humano e apresenta-se como ameaça, como inimigo em potencial. A convivência entre as pessoas fragiliza-se e o sistema jurídico passa a administrar, por meio de leis positivas, as disputas que se resolveriam, em grande parte, se a vida e as relações interpessoais se pautassem pela eticidade.

Para Levinas, a crise ética da cultura ocidental se deve à realização de seus próprios princípios. Segundo o autor, a opção cultural do ocidente nasceu com os gregos, manteve-se na Idade Média e prolongou-se pela modernidade até nossos dias. Essa opção privilegiou a esfera ontognoseológica do ser e do conhecimento, em uma denominação clássica; ou do objeto e da ciência em uma formulação mais atual, deixando para o segundo plano as pessoas, a convivialidade e a sociedade com suas exigências éticas. A predominância da ontologia frente à ética resulta no esquecimento do Outro e, em grande medida, confirma que existir se configura como interesse de ser, como mostrou Levinas.

Ser é interesse. É luta que visa sua permanência, o manter-se sendo. Essa luta em que todos visam preservar e ampliar seu espaço se converte em conflito e limitação recíproca. Nela, a paz é instável, não resiste à luta dos interesses. Em sua busca de manter-se sendo, o ser se caracteriza pela totalização que consiste em transformar o Outro no mesmo, tal qual se dá com o alimento incorporado ao organismo. A totalização preserva o ser, o sujeito, pela negação da alteridade, que se dá pela violência e tem na guerra sua última palavra. A concepção egológica em que se busca salvar a própria pele, em detrimento do Outro, demonstra que a alteridade e a exterioridade são limites éticos, mas não ontológicos, enfraquecidos em nossas relações, em que não se hesita em anular o Outro para manter ou ampliar os domínios do Eu, constituído como mesmo pela totalização.

Levinas[1], que passou pela experiência de duas guerras mundiais e pelo campo de concentração, faz uma

---

1. Emmanuel Levinas não é um autor que narrou a sua biografia. Os principais dados biográficos dele são: nasceu em Kaunas, Lituânia, em 1906. Filho de judeus, recebeu sua formação vinculada a essa tradição religiosa, da qual sofreu influência inegável. Aos doze anos, vivendo com sua família na Ucrânia, viveu a Revolução Russa de 1917. A partir de então, viveu exilado em diversos lugares na Europa até se estabelecer na França, onde, em 1923, iniciou seus

minuciosa análise da cultura ocidental, identificando, em seu trajeto, o esquecimento de um humanismo que desloque sua ênfase do Eu em direção ao Outro. A fixação no ser é violenta, pois visa manter-se enquanto ser mesmo em detrimento do Outro, o exemplo máximo disso sendo o assassinato. Para o autor, a alteridade sugere-se como outro modo de ser: escondida no pensamento e nas vivências de nossa cultura, apresenta-se como fundamento de um convívio ético, que nos torna capazes de reconhecer a exterioridade do rosto do Outro. Exterioridade essa que não pode ser contida em um conceito, pois indaga àquele que a subjuga e mantém no semblante um permanente mandamento de justiça, que é surdo à ordem do ser, mas que se apresenta ao mesmo tempo como possibilidade de construção de relações pacíficas, uma vez que estas pressupõem a alteridade, ou seja, pressupõem que esta seria anterior ao e fundante do próprio Eu, que só se desenvolve no contato com o Outro.

---

estudos de Filosofia na cidade alsaciana de Estrasburgo. De 1928 a 1929, passou um tempo em Friburgo, participando dos seminários de Husserl. Até 1939, continuou seus estudos em Paris, de onde saiu deportado para sofrer o cativeiro durante cinco anos no "Frontstalag" da Bretanha e, mais tarde, num campo de concentração na Alemanha. Com a libertação da guerra, dedicou-se à Diretoria da Escola Oriental de Paris, ao mesmo tempo em que ensinava no *College Philosophique*, dirigido por seu amigo J. Wahl. De 1964 a 1967, lecionou na Universidade de Poitiers; nos seis anos seguintes, na universidade de Paris-Nanterre e, a partir de 1973, em Paris-Sorbonne. Nos últimos anos, lecionou em Louvain-la-Neuve. Ao mesmo tempo, conciliou a prática dos comentários Talmúdicos, publicados em editoras distintas das que publicava sua obra de filosofia. Faleceu no Natal de 1995.

Considerando essa perspectiva não só como uma resposta à crise ética atual, mas como possibilidade de dizer o ser humano para além do ser e da sua identificação como poder, é que nos voltamos para entender como se dá a passagem do ser ao Outro a partir da ética como responsabilidade pelo rosto. Para viabilizar isso, propomos como caminho a elaboração de três capítulos. O primeiro se intitula *A afirmação no ser e a constituição do Eu como Mesmo*. Busca mostrar a correlação entre ser e mal em sua exposição como violência, em que o Eu, para se afirmar no ser, acaba negando o Outro, ou subsumindo a si o Outro. Ao se tratar do ser, deparamo-nos com o que Levinas designou como "Il y a", traduzido como "há", a existência sem existente. Veremos que, para não soçobrar diante dele, é necessário assumir o ser, por meio da hipóstase. Para romper com o anonimato do ser, é importante analisar a relação do Eu com o mundo, por meio da fruição e da posse. Então o Eu se torna o mesmo, capaz de, na identificação, esquecer-se do Outro. Isso se configura como ontologia. Por isso finaliza-se o capítulo questionando se a *ontologia é fundamental*. Dessa forma, é colocada em questão a tradição filosófica ocidental, assentada num discurso que evidencia o ser e a sua compreensão.

Iniciamos o segundo capítulo procurando mostrar como se dá a *realização da passagem do ser ao Outro, a partir da responsabilidade pelo rosto*. Ao se relacionar com a exterioridade, o Eu acaba por totalizá-la em si. Neste momento, levanta-se o questionamento: seria possível uma relação não alérgica, em que a alteridade do Outro não fosse negada? A crítica ética de Levinas pretende mostrar uma resposta positiva. O caminho a ser percorrido investigará que a ética levinasiana não decorre do processo de conhecimento, da liberdade de um sujeito autônomo, que determina, por uma reflexão transcendental, normas e leis para um agir bom e virtuoso.

Levinas parte de uma situação concreta, daquela em que o Eu pode evadir-se do enclausuramento a si. Tal situação é chamada por ele de face a face; relação, antes de tudo, ética e que, portanto, precede qualquer relação de conhecimento, e mais, fundamenta qualquer possibilidade de conhecimento. Considerar que a ética precede o conhecimento significa afirmar um desconhecido, pois, o que precede o conhecimento não está contido totalmente nele. O Outro com quem o Eu se relaciona apresenta-se como Rosto, e não pode ser contido na sua percepção, tampouco subsumido aos seus poderes de totalização, como quando da fruição e posse. Se a ética antecede qualquer relação com o mundo, isso significa afirmar que ela é "a impugnação da espontaneidade do Mesmo pela presença do Outro, que irrompe como Rosto"[2].

Nesse sentido, será preciso esclarecer a epifania do rosto, bem como a ideia do Infinito presente no encontro do Eu com o Outro. Ademais, essa impugnação conduz a esclarecer a noção de reconversão como momento de passagem do ser ao Outro, mediante a vergonha advinda do esquecimento do Outro. O Outro irrompe como resistência ética frente aos seus poderes. Em virtude disso, apresenta-se a liberdade colocada em questão, a fim de se mostrar a diferença, como Levinas trata a questão da responsabilidade.

---

2. LEVINAS, Emmanuel. *Totalidade e Infinito*. Lisboa: Edições 70, 1980, 30.

É preciso, então, tornar a liberdade justa. Isso só acontece pela responsabilidade, a qual é convocada pelo rosto do outro humano. Ver-se-á a noção de rosto distinta de um fenômeno, significando por si, ao mesmo tempo em que se colocam as condições de pensar a ética desde o Outro. Na resposta ao outro humano, o Eu se torna bondade. Por isso se esclarecerá que a bondade consiste em colocar-se no ser de tal forma que o Outro preceda ao Eu. Dessa forma, a responsabilidade se apresenta como a concretude da resposta ao apelo do Outro, em forma de comparecimento. Tal responsabilidade se agrava, chegando à substituição.

Dessa forma, passa-se ao terceiro capítulo, nomeado *O infinito da responsabilidade chega à substituição*. Relacionar-se com outro ser humano é recebê-lo antes de pensá-lo e antes de decidir ou não por seu recebimento. É um recebimento anterior à liberdade e à decisão de receber ou rejeitar, isto é, relacionar-se com o Outro não é senão recebê-lo por atribuição, e não por opção. Não repousar em nenhum compromisso livre e prévio à relação de responsabilidade é uma eleição, um chamado que não vem da consciência intencional que se descobre culpada, mas sim, constitui-se como um desinteressamento pelo próprio ser, a fim de abrir espaço para o Outro. Novamente, aqui será preciso remeter-se ao ser, a fim de mostrá-lo correspondendo à acepção de interesse.

"A responsabilidade é o que exclusivamente me incumbe e que, humanamente, não posso recusar"[3]. Em Levinas, dizer-se Eu significa se apresentar ao Outro. É saber-se

---

3. Idem. *Ética e Infinito*. Lisboa: Edições 70, 1982, 93.

eleito, assignado para a condição de refém do Outro homem. Mostrar-se-á o Eu numa proximidade obsedante pelo Outro, a ponto de estar na condição de refém. Por conta dessa condição de refém, é possível haver, no mundo, solidariedade, fraternidade, bem como o gesto gentil de um simples "você primeiro" diante de uma porta. Dessa forma, a subordinação não é servidão, ao contrário, é convocação à humanização do ser humano.

A substituição será explicitada não como a tomada do lugar do Outro, como uma espécie de troca de papéis. É uma substituição compreendida de forma mais radical, que se encontra concentrada na fórmula de substituição do um-para-o-Outro, em que o Eu vai se destituindo de sua egoidade, depondo-se de si para, desinteressadamente, estar correspondendo de mãos cheias ao apelo do Outro. Nessa perspectiva, a consciência identificada perde seu predomínio, e a substituição se apresenta como a radicalidade de se expor responsavelmente na situação ética de encontro com o rosto. Nessa radicalidade, entender-se-á a unicidade do Eu enquanto substituição, uma vez que ninguém pode substituir-se ao Eu que se substitui a todos. A partir dessa elaboração, evidenciar-se-á uma nova semântica do conceito "ética", para, assim, justificar-se a interpretação dessa ética como responsabilidade. O capítulo se encerra mostrando como a responsabilidade estabelece a paz.

Para a consecução do que se propõe, faz-se necessária a adoção de um método de análise denominado genético, que considera o modo de escrita em modo espiral, característico de Levinas. Vincula-se a isso a consideração dos períodos de desenvolvimento do pensamento levinasiano[4], a fim de se mostrar a gênese da passagem do ser ao Outro.

Entendemos por método genético o caminho de estudo hermenêutico dos escritos levinasianos; para tanto, consideramos como a temática da passagem do ser ao Outro foi emergindo em sua obra, e interpretamos tal passagem como caminho para se compreender a ética em Levinas enquanto responsabilidade pelo rosto. Não se trata de um estudo meramente cronológico, tampouco uma consideração historiográfica de sua produção bibliográfica. Trata-se de tomar como orientação os períodos da obra do autor lituano, verificando como a temática da passagem do ser ao Outro vai se explicitando, ao mesmo tempo em que se consideram os tipos de escritos sobre o pensamento de alguns filósofos, sobre o judaísmo e os escritos filosóficos de cunho mais autoral como caminho para se encontrar ideias concentradas, que possibilitem interpretar a ética como responsabilidade. Ainda cabe considerar o que foi denominado de *raccourcis*, isto é, atalhos de que o autor se vale para expor, de maneira clara e contundente, seu

---

4. A obra de E. Levinas pode ser dividida em três momentos cronológicos que buscam sistematizar seu pensamento. O primeiro período, 1929-1951 – estudos sobre a fenomenologia de Husserl e Heidegger, juntamente com escritos sobre o judaísmo –, caracteriza-se pela tentativa de "evasão do ser". O segundo período, 1952-1964 – produção filosófica própria, com destaque para *Totalité et Infini* (1961) [*Totalidade e Infinito*] e obras sobre o judaísmo e comentários ao Talmude –, corresponde à maneira como se dá a ruptura com o ser por meio da relação ética com o Rosto do Outro. O terceiro período, 1966-1995, é identificado como período ético, em que o Outro, agora como próximo, conduz a relação de responsabilidade à substituição pelo Outro. Cf. RIBEIRO JUNIOR, Nilo. *Sabedoria de amar. A ética no itinerário de Emmanuel Levinas*. São Paulo: Loyola, 2005, 22-23.

pensamento filosófico. Com o método genético, pretendemos interpretar, de modo sistemático, o pensamento do autor, respeitando a dinâmica do seu pensamento ético. Ao assumir tal método, pretende-se evitar a abordagem monográfica da obra levinasiana, a qual prescinde de uma visão sistêmica de seus escritos e, sobretudo, desconsidera a genealogia do pensamento do autor lituano. Dessa forma, pretende-se conduzir o questionamento em torno da possibilidade de uma relação não alérgica com o Outro, ou seja, se há a possibilidade de outro modo de ser.

Capítulo 1

A afirmação no ser e a constituição do Eu como Mesmo

Neste primeiro capítulo, apresentamos como Levinas colocou o problema da necessidade da evasão do ser. Para isso, partiremos da análise ontológica da guerra, a qual será comparada com a situação de fim de mundo, como exposição concreta da violência de um ser humano contra outro. Partiremos da guerra, o fato anônimo do ser, e a experiência a que seu advento expõe o ser humano. Nesse sentido, o fim do mundo ou a situação de guerra revela o ser puro, denominado como *"Il y a"*, traduzido como "há". O fato do "há" implica uma irreversibilidade em ser. Em vista disso, o ser é concebido, na esteira da influência de Heidegger, como ato de ser. A existência se apresenta como confronto fático com o ser, isto é, com o fato de que se é e as coisas são. Com a análise ontológica da guerra, em sua identificação com o fim do mundo, mostra-se o despertar da atenção para o fato nu e cru do ser, para o "há". Tal ligação com o ser é irremissível, como uma dramaticidade de apoderar-se do ser. Levinas conclui que essa dramaticidade é um mal de ser. Daí a crítica à ontologia e seu questionamento.

1. A situação de guerra revela o ser

Os mortos que ficaram sem sepultura nas guerras e os campos de extermínio afiançam a ideia de uma morte sem amanhã e tornam tragicômica a preocupação para consigo mesmo e ilusórias tanto a pretensão do *animal rationale* a um lugar privilegiado no cosmos, como a capacidade de dominar e de integrar a totalidade do ser numa consciência de si[1].

Com a Segunda Guerra Mundial (1939-1945) e suas consequências nefastas, como o extermínio de mais de seis milhões de judeus, ficou patente a impotência de um modelo ético assentado em um sujeito autônomo e livre, cujo agir seria determinado por uma lei da razão, um imperativo que lhe imporia um dever de respeito e obrigação de cumprimento. Levinas, que passou pela experiência de duas guerras mundiais, justifica essa impotência ao afirmar que

> o estado de guerra suspende a moral; despoja as instituições e as obrigações eternas da sua eternidade e, por conseguinte, anula, no provisório, os imperativos incondicionais [...] a guerra não se classifica apenas como a maior entre as provas de que vive a moral. Torna-a irrisória[2].

Embora se referindo à guerra e mostrando como ela anula a moral, a intenção de Levinas não consiste em fazer uma crítica de cunho ético à própria guerra. O evento histórico de uma guerra e a tragédia por ela desencadeada, sobretudo pelos assassinatos ocorridos, já evidencia a existência de uma crise ética que abala a humanidade do ser

---

1. LEVINAS, Emmanuel. *Humanismo do Outro Homem*. Petrópolis: Vozes, 1993, 83.
2. Idem, *Totalidade e Infinito*, 9.

humano. Identificamos que Levinas parte da guerra para elaborar seu pensamento filosófico, porque, durante ela, viveu na carne as agruras da negação da humanidade de um ser humano por outro ser humano, mediante a vitimização de muitos de seus familiares e do seu povo judeu. Sua abordagem da guerra está influenciada pelo método fenomenológico husserliano, bem como pela analítica existencial do *Dasein*, elaborada por Heidegger, em *Ser e Tempo*[3]. Com isso procura captar não a causa histórica, econômica, técnica da guerra. Interessam-lhe, inicialmente, as condições ontológicas da própria guerra, com vista a mostrar como nela se explicita a relação com o ser e suas consequências.

---

3. A influência de Husserl e Heidegger mostra-se na gênese do método e da temática assumida por Levinas. A respeito disso, Bucks comenta que "o pensamento filosófico de Levinas foi influenciado por muitos autores, mas dois entre ele ocuparam-no durante todo o seu itinerário filosófico: Heidegger e Husserl. A filosofia de Levinas encontra na fenomenologia de Husserl seu ponto de partida. O método utilizado por Levinas não é um raciocínio indutivo ou dedutivo, nem uma dialética, mas a fenomenologia como cuidadosa investigação e explicitação do sentido que vivenciamos ao lidar com a realidade. Porém há experiências que não se enquadram nos esquemas elaborados por Husserl. Então, a fenomenologia mostra seus limites e a necessidade de procurar outros caminhos. Não obstante, a fenomenologia continua marcando toda a filosofia de Levinas. Heidegger retomou a fenomenologia de Husserl para renovar toda a vida filosófica de seu tempo. Utilizou-a para apresentar, de maneira nova, a questão do *ser*. [...] A relação de Levinas com a filosofia de Heidegger começa com uma grande admiração que, paulatinamente, será acompanhada por uma crítica que vai se tornando cada vez mais radical. Segundo Levinas, não é a ontologia que tem a primeira e a última palavra, mas a ética, seu fundamento último" (BUCKS, René. *A Bíblia e a ética. A Relação Entre a Filosofia e a Sagrada Escritura na Obra de Emmanuel Levinas*. São Paulo: Loyola, 1997, 63-64).

Pela análise ontológica da guerra, mostra-se a divergência entre os acontecimentos históricos nela desencadeados e a ordem racional, levando a despertar a obsessão pelo "fim do mundo". É justamente diante dessa situação de "mundo quebrado", "mundo transtornado" e até mesmo "fim do mundo" que Levinas, ao olhar para a guerra, descortina o encontro com o que ele chama de "fato anônimo do ser". Eis, então, Levinas diante da ontologia, uma vez que ela trata da "questão do ser enquanto ser". Todavia, ainda que seu ponto de partida seja a ontologia, a sua filosofia não será ontologia; pelo contrário, ele será um crítico contundente dessa área da filosofia.

Ademais, a análise ontológica desvela a guerra como a experiência pura do ser. Tal afirmação é um eco da filosofia de Heráclito, como mostra o prefácio de *Totalidade e Infinito*, publicado em 1961, em que se pode ler não haver "necessidade de provar por meio de obscuros fragmentos de Heráclito que o ser se revela como a guerra ao pensamento filosófico"[4]. Por isso a guerra põe a relação primeira que nos liga ao ser. Ao referir-se ao ser, não se trata de uma referência a entes, às coisas ou mesmo às pessoas. O ser a que se refere Levinas quer dizer que "se é" e que "há", ou seja, "o ser ao qual o desaparecimento do mundo nos torna atentos não é uma pessoa, nem uma coisa, nem a totalidade das pessoas e das coisas. É o fato de que se é, o fato de que há"[5]. Antes de prosseguir, cabe aqui deter-se no entendimento levinasiano do ser e como ele chega à sua concepção. Em primeiro lugar, ele se defronta, como

---

4. Levinas, *Totalidade e Infinito*, 9.
5. Idem, *Da Existência ao Existente*. Campinas: Papirus, 1998, 22.

foi dito, com a situação de guerra entendida como "fim do mundo". Nessa situação, o ser é experienciado como mal de ser, uma vez que se é impelido, de modo irreversível, a ser. Entrementes, é a Heidegger, inicialmente, que o filósofo lituano deve a compreensão filosófica do sentido do ser. Isso se mostra numa entrevista concedida por Levinas, consignada em livro, na qual afirma que,

> habitualmente, fala-se da palavra ser como se fosse um substantivo, embora seja, por excelência, um verbo. Em francês, diz-se "l'être" (o ser), ou "un être" (um ser). Com Heidegger, na palavra ser revelou-se a sua "versatilidade", o que nele é acontecimento, o "passar-se" do ser. Como se as coisas e tudo o que existe se "ocupasse em estar a ser", "fizessem uma profissão de ser". Foi a esta sonoridade verbal que Heidegger nos habituou. É inesquecível, ainda que banal atualmente, esta reeducação dos nossos ouvidos![6]

Seguindo Heidegger, ser não indica um ente como uma pedra, um martelo ou um objeto qualquer, senão um acontecimento – o ato de ser, o fato de que algo é. O ente é. Nesse sentido, ser significa esse "é". Ser, então, será apoderar-se do ser. Mas como acontece o ato de ser?

Essa experiência de que se é acontece na existência. A noção de existência é balizadora das primeiras investigações, de forma que intitula uma das primeiras obras de Levinas, *Da Existência ao Existente*. A existência é concebida como anterior a tudo o que poderia ser designado como mundo e em relação a tudo o que se pode chamar de relação com o mundo. Esta anterioridade mostra um sentido da relação com o ser em que existir é confrontar-se faticamente com o fato de que se é e de que as coisas são.

---

6. Idem, *Ética e Infinito*, 30.

Enfim, com o fato de que "há". Para além da existência, há o existir. É nesse sentido que se compreende a afirmação de que o desaparecimento do mundo desperta a atenção para o ser. Ao acabar o mundo, permanece a existência ou o confronto com o fato nu e cru do ser. Pois "a relação com um mundo não é sinônimo de existência. Esta é anterior ao mundo. Na situação de fim do mundo, põe-se a relação primeira que nos liga ao ser"[7].

Ao remeter a investigação ao ser, Levinas se depara com a ontologia. Mas não quer abordar o ser aos moldes de uma análise da diferença ontológica, como Heidegger. Antecipando as conclusões da investigação levinasiana sobre o ser, pode-se dizer que haverá a inserção de uma novidade: ser foi visto como apoderar-se do ser, incumbência de cunho irrevogável, como que uma obrigação a ser. Ora, isso é uma sobrecarga na existência. Na situação de guerra, essa condição ontológica do existente é escancarada. Nesse sentido, o existente encontra-se na dramaticidade do apoderar-se do ser. Mas Levinas concluirá que há, no ser, um mal de ser, decorrente dessa dramaticidade. Essa conclusão afirma a identidade entre ser e mal. Com isso, Levinas acaba por divergir da tradição filosófica do ocidente desde Platão. Isso porque, nesta tradição filosófica, o ser fora identificado com o Bem.

1.1. O mal de ser

A identificação do ser como mal de ser decorre de uma experiência concreta da existência: o horror, a

---

7. Ibidem, 21.

dramaticidade e a tragédia da guerra, mas não pelo fato da guerra em si, mas pelo fato de a guerra revelar o ser em seu anonimato de uma maneira nua e crua, como diz Levinas. Por isso o ser é mal para além da guerra. Isso porque na própria existência se dá o puro fato de que se é. Por conseguinte, o ser é experienciado como horror. Porque é preciso ser, assumir o existir para além das vicissitudes e tragédias, já que não há outra forma de confrontar-se com a existência senão existindo como existente. Aquele ou aquilo que é não entra em comunicação com sua existência em virtude de uma decisão tomada antes do drama, antes de se levantar o pano. Mas é exatamente já existindo que assume a existência.

O que a guerra faz é escancarar essa realidade do existir, uma vez que na guerra é-se defrontado, sobremaneira, com a possibilidade da morte e, como tal, urge assumir a existência para não ser subsumido na tragicidade da guerra. Por isso, Levinas considera essa experiência do ser como estranheza. Ao mesmo tempo, essa estranheza desperta a admiração. Já em Platão, a admiração conduzia à filosofia. Aqui a admiração se dá diante da experiência da estranheza do ser.

Tal admiração conduz a investigação ontológica levinasiana às conclusões que revelam a dramaticidade implicada no existir, sobretudo, porque a admiração conduz a perguntar-se a respeito do ser. Isso significa que perguntar-se sobre o ser é uma maneira de já o assumir, experienciá-lo na estranheza, conforme afirma Levinas:

> a questão do ser é a própria experiência do ser em sua estranheza. Ela é, portanto, uma maneira de assumi-lo. Por isso, a questão do ser – *o que é o ser?* – nunca

comportou resposta. O ser é sem resposta. A direção na qual se deveria buscar essa resposta é absolutamente impossível de encarar. A questão é a própria manifestação da relação com o ser. O ser é essencialmente estranho e nos choca. Sofremos seu aperto sufocante como a noite, mas ele não responde. Ele é o mal de ser. Se a filosofia é a questão do ser, ela já é assunção do ser. E se ela é mais do que essa questão, é porque ela permite ultrapassar a questão e não responder a ela. O que pode haver a mais do que a questão do ser não é uma verdade, mas o bem[8].

A guerra revela o ser porque nos coloca, sobremaneira, diante da primeira experiência que nos liga a ele: a experiência de estranheza, de sufoco, aperto, que diz respeito à existência. Nesse sentido, a relação com o ser revela-se como mal de ser, pois ele não responde, mas sufoca, chama a assumi-lo de modo irreversível. É como se estivesse amarrado ao ser. Por isso o ser é visto de forma impessoal, numa generalidade, como fato nu e cru.

Recai sobre o existente a obrigação de ser. Desse modo, na medida em que o existente se apodera dessa sujeição a ser, torna-se a si mesmo. Isso constitui o existente como um "Eu". Nesse sentido, o "Eu" se caracteriza como identidade, está referido a si. Essa obrigação tece o "Eu" em sua ipseidade como uma imposição. O "Eu" assume o seu existir de modo intransferível: é seu e de nenhum Outro; deve, permanentemente, conquistar a si mesmo para continuar a ser. Daí se segue que o "Eu" não pode intercambiar o seu ser com o Outro: não é possível ser Outro e vice-versa. Assim, revela-se o que Levinas analisa, nas páginas

---

8. Ibidem, 23.

iniciais de *O Tempo e o Outro*, a experiência que o Eu faz de sua irreparável solidão[9]:

> Eu sou só. É, pois o ser em mim, o fato que Eu exista, meu existir, o que constitui o elemento absolutamente intransitivo, algo sem intencionalidade, sem relação. Tudo pode ser trocado entre os seres, menos o existir. Nesse sentido, ser é isolar-se pelo existir. Eu sou mônada enquanto eu sou. É pelo existir que eu sou sem portas e janelas, e não por um conteúdo qualquer em mim que seria incomunicável[10].

Evidencia-se, na análise levinasiana, que o mal de ser também se caracteriza como solidão. O Eu padece de uma solidão da qual não tem como evadir, ainda que seja impelido a perseguir a evasão dessa situação irremissível. Todavia, esbarra-se no irrevogável acorrentamento à existência que, por ser intransitiva, não pode ser intercambiável, ou seja, o Eu "está para sempre acorrentado à existência que assumiu. Essa impossibilidade de não ser si mesmo marca o trágico profundo do Eu, o fato de ele estar indissoluvelmente preso a seu ser"[11].

Esse acorrentamento manifesta a tensão de ter de ser a todo instante, de ter de permanecer perseguindo a continuidade do próprio ser, para não ser subsumido, aniquilado. Ao mesmo tempo em que coloca a obrigação de

---

9. Levinas não aborda a solidão pelo viés antropológico ou sociológico, mas como solidão ontológica. Interessa-lhe proceder de modo a mostrar a solidão para além da oposição à coletividade. Pois, desse modo, ele considera que, ao ascender à raiz ontológica da solidão, terá condição de superá-la.

10. Levinas, Emmanuel. *Le Temps et L'Autre*. Paris: Fata Morgana, 1979, 21. (A menos que seja pontuado o contrário, citações a obras estrangeiras foram traduzidas pelo autor. [N. da R.])

11. Idem, *Da Existência ao Existente*, 101.

ser, esse contrato irrescindível com o ser coloca que o "Eu" tende a evadir-se dessa situação. Tende a evadir-se porque o ser é como que insuportável em sua carga.

Antecipando o que será tratado mais à frente, essa perseverança em garantir o próprio ser será vista por Levinas como uma das raízes da anulação da alteridade, bem como da indiferença frente ao Outro. Segundo Catherine Chalier[12], Levinas foi buscar em Espinosa a noção de perseverança no ser entendida como *conatus essendi*. Ao tratar como o autor lituano elabora o conceito espinosiano, a filósofa comenta, "Levinas não retém, portanto, de Espinosa, senão a ideia de um esforço para afirmar o seu ser e aumentá-lo, na indiferença para com o resto. O *conatus* tem o direito de afastar do seu caminho aquilo que ameaça diminuí-lo, entristecê-lo, ou proibir-lhe o aumento de sua potência"[13].

Essa identificação do ser como mal de ser, mediante as considerações que mostram um Eu identificado consigo na irremissível tarefa de ter de ser (*conatus*), num acorrentamento que desperta a compulsão por uma saída das amarras do ser, evidencia que cabe a Levinas mostrar uma saída do ser[14]. Nesse sentido, a opção não é o nada, mesmo

---

12. "Todos os seres se esforçam, enquanto estão em si, por perseverar no seu ser". Espinosa apud Chalier, Catherine. *Lévinas. A utopia do humano*. Lisboa: Instituto Piaget, 1993, 57.

13. Chalier, *Levinas. A utopia do humano*, 57.

14. Cf. Susin, Luiz Carlos. *O homem Messiânico. Uma Introdução ao Pensamento de Emmanuel Levinas*. Porto Alegre: Vozes; Escola Superior de Teologia São Lourenço de Brindes, 1984, 154-177; Vazquez Moro, Ulpiano. *El Discurso Sobre Dios en La Obra de Emmanuel Levinas*. Madrid: UPCM, 1982, 109-117. Levinas, *Le Temps et L'Autre*, 21.

porque é melhor ser do que não ser. Todavia, ainda que empreenda sair do ser, o "Eu" se depara com uma experiência inevitável, que antecede inclusive a relação com o mundo. Essa relação foi vislumbrada por Levinas quando mencionou que na guerra se revela o ser e, sobremaneira, a primeira relação que nos liga ao ser. É assim que Levinas cunha e analisa o termo "Il y a", traduzido em português como "há", ou fato anônimo do ser.

Por isso, para que Levinas mostre de que forma se sai das amarras do ser, é preciso, antes de tudo, voltar ao que foi dito acima, que a relação do existente com o ser precede a relação com o mundo, pois a relação primigênia não é com o mundo, mas com o fato anônimo do ser. Trata-se, agora, de se analisar essa relação mais originária com o ser, para aprofundar o sentido da afirmação de que o ser é mal, para, assim, dar um passo em busca da saída do ser.

2. O ser em geral: "Il y a"

Levinas descreve a existência como que carregada pela obrigação de ser, um peso a recair sobre o "Eu", ao modo de uma dificuldade de ser. Por essa via, o ser foi identificado como mal de ser. Diante do mal de ser, o filósofo lituano passa a descrever uma experiência *sui generis*, a relação mais originária com o ser, experiência ontológica designada como "Il y a" (há). A relação com o ser em geral, ou "Il y a", é analisada a partir da situação de "fim do mundo", que tem na guerra seu análogo, situação limite que interrompe a relação com o mundo. Daí se segue que a relação primeira com o ser não é, segundo Levinas, com o mundo, e sim com esse ser em geral. Sobre o "fim do mundo", afirma o autor:

esse termo, despojado de toda reminiscência mitológica, exprime um momento do destino humano cuja análise é capaz de depreender a sua significação. Momento limite que comporta, por esta mesma razão, ensinamentos privilegiados, pois ali onde o jogo perpétuo de nossas relações com o mundo está interrompido, não se encontra – como se poderia pensar erroneamente –, a morte, nem o "Eu puro", mas o fato anônimo do ser[15].

Da análise da situação de interrupção das relações como o mundo, que é o fim do mundo, Levinas depreende o significado do ser e, a partir desse significado, forja o conceito novo de "existência sem mundo". Essa "existência sem mundo, ou esta consumação impessoal, é o fato bruto do 'Il y a'"[16]. Pensar a existência sem mundo significa, para Levinas, pensar o ser em sua obra de ser, como pura verbalidade, separado de qualquer substantivo.

Levinas pensa o "Il y a" a partir da distinção heideggeriana entre ser e ente. Contudo, diferentemente do autor de *Ser e Tempo*, o filósofo lituano traduz esses dois termos como existir e existente e os pensa de modo a mostrar que há separação entre eles. Em Heidegger, o existir é colhido no existente, isto é, no homem, o existir é sua própria existência. Ora, quando Levinas diz que há separação entre existir e existente, abre espaço para poder afirmar que é possível pensar o existir sem o existente. Mas essa possibilidade de pensar o "Il y a" é possível em decorrência e em recorrência à noção heideggeriana de *Geworfenheit*, "traduzida por 'o-fato-de-ser-jogado-na-existência'". O uso levinasiano dessa expressão leva a pensar na "ideia

---

15. Levinas, *Da Existência ao Existente*, 21.
16. Ribeiro, *Sabedoria de Amar*, 44.

de um existir que se faz sem nós, sem sujeito, de um existir sem existente; como se o existente só aparecesse numa existência que o precede, como se a existência fosse independente do existente, e o existente que nela se encontra jogado nunca pudesse se apossar dela"[17].

É a partir da abordagem da noção de *Geworfenheit* que Levinas procede para ir além da filosofia de Heidegger. Assim, mostra que a *Geworfenheit* não consiste na relação mais originária, mas que há um recuo ulterior no qual encontra uma impessoalidade, a recusa de fixação numa determinada forma, pois se está diante de condições primeiras, indeterminadas. Esse é o encontro com o "Il y a" ou "há". Levinas recorrerá à imaginação para descrevê-lo:

> [...] imaginemos o retorno ao nada de todos os seres: coisas e pessoas. É impossível colocar este retorno ao nada fora de todo acontecimento. Mas, e este próprio nada? Alguma coisa ocorre, fossem a noite e o silêncio do nada. A indeterminação desse "alguma coisa" não é a indeterminação do sujeito, não se refere a um substantivo. Ela designa como que o pronome da terceira pessoa na forma impessoal do verbo [...]. Essa consumição impessoal, anônima, mas inextinguível do ser, aquela que murmura no fundo do próprio nada, fixamo-la pelo termo *há*. O *há*, em sua recusa de tomar uma forma pessoal, é o "ser em geral"[18].

Ao imaginar o desaparecimento de todos os entes, de tudo o que existe, dos objetos e sujeitos, há, ainda, a permanência de algo. Algo acontece, um acontecimento que não se pode definir, isto é, dizer o que é. Caso isso fosse possível, não haveria o desaparecimento de tudo.

---

17. Levinas, *Le Temps et L'Autre*, 25.
18. Idem, *Da Existência ao Existente*, 67.

Todavia, *há* a permanência de algo no desaparecimento de tudo, como que o retorno da presença em meio à ausência. Ou, como descreve Levinas, "a ausência de todas as coisas volta como uma presença: como o lugar onde tudo sumiu, como uma densidade da atmosfera, como uma plenitude do vazio ou como o murmúrio do silêncio"[19]. Esse modo de falar do "Il y a" é usado por Levinas para exprimir a própria obra do ser em sua permanência em meio ao desaparecimento dos entes, em sua separação dos entes. Nesse sentido, a obra do ser é impessoal, sem pertencer a ninguém, sem referência a ninguém. É impessoal como quando dizemos faz calor ou chove.

A permanência do "Il y a" em meio à negação de tudo mostra haver uma irremissibilidade relativa ao ser. Isso ficou claro quando se disse que se é obrigado a ser. Entrementes, agora, mostra-se que o "Il y a" se impõe, impossibilitando dele se escapar. É como se o ser não tivesse portas de saída. Tomando o ser desse modo, vê-se que a existência é uma condenação brutal, não podendo suspendê-la, tampouco alijar-se dela. Permanece o confronto com o fato nu e cru do ser.

Ora, se o ser é irremissível, sem começo nem fim, é também sem saída. Essa ilimitação do ser dará ensejo a Levinas a chegar à conotação ética do ser: "a noção do ser irremissível e sem saída constitui o absurdo fundamental do ser. O ser é o mal, não porque seja finito, mas porque não tem limites"[20]. Sem limites e sem portas de saída, o Eu participa do ser. Isso porque, segundo Levinas, "o

---

19. Idem, *Le Temps et L'Autre*, 26.
20. Ibidem, 29.

desaparecimento de toda coisa e o desaparecimento do Eu remetem ao que não pode desaparecer, ao próprio fato do ser de que se participa de bom ou mau grado, sem disso ter tomado a iniciativa, anonimamente"[21].

Todavia, caso fosse possível falar de experiência do "Il y a", a que mais se aproximaria seria, conforme Levinas em *Da Existência ao Existente*, a experiência da noite. Na escuridão noturna, as coisas têm suas formas dissolvidas; não deixam de existir, mas deixam de ser encontradas. Resta o ser das coisas confundido com a escuridão – ela mesma invade como uma presença, determinando a impossibilidade do desaparecimento de tudo; por conseguinte, ela é a impossibilidade do nada puro. De mais a mais, a noite remete à impessoalidade do "Il y a". Nela, as formas se furtam e impõem uma escuridão que não pertence a ninguém. Esse desaparecimento das formas das coisas na escuridão significa que

> a escuridão da noite, que não é um objeto nem a qualidade de um objeto, invade como uma presença. Na noite, quando estamos presos a ela, não lidamos com coisa alguma. Mas esse nada não é um puro nada. Não há mais isto nem aquilo; não há "alguma coisa". No entanto, esta universal ausência é, por sua vez, uma presença absolutamente inevitável. Esta não é o correlato dialético da ausência e não é por um pensamento que a apreendemos. Ela está imediatamente ali. Não há discurso. Nada responde. Mas esse silêncio, a voz desse silêncio é ouvida e apavora como o "silêncio dos espaços infinitos" de que fala Pascal[22].

---

21. Idem, *Da Existência ao Existente*, 68.
22. Ibidem.

Fica evidenciado que há um Eu que faz a antiexperiência da noite, ouvindo o silêncio apavorante, que participa do "Il y a". Contudo, esse Eu é dissolvido na correnteza anônima do ser, que o submerge de tal forma que chega a ser despersonalizado, assim como os entes na escuridão noturna. Por causa do sufocamento, despersonalização, absorção do Eu pelo "Il y a" é que se diz não ser possível a experiência do "Il y a".

Outra analogia usada por Levinas para expressar e aproximar-se da situação do "Il y a" é a experiência da insônia, ligada à da noite. Na insônia, vela-se sem motivo, sem querer, sem poder deixar de velar ou cair no sono. Ela se constitui como experiência de aprisionamento à noite, ou seja, é a experiência de ser obrigado a ser; é-se exposto ao ser, amarrado a uma presença anônima e irremissível da qual não se é sujeito, senão objeto. Ou, como diz Levinas:

> a vigília é anônima: não há minha vigília da noite, na insônia – é a própria noite que vela. Vela-se. Nessa vigília anônima em que estou inteiramente exposto ao ser, todos os pensamentos que preenchem minha insônia estão suspensos a nada. Eles não possuem suporte. Sou, se se quiser, o objeto mais do que o sujeito de um pensamento anônimo[23].

Assim, o fato de a insônia ser uma presença impessoal, impossível de se escapar, e até mesmo de se fazer cessar, aproxima-a do "Il y a". Ora, a despersonalização do Eu, sua exposição ao ser, e até mesmo o sufocamento pela obrigação de ter de ser será percebida por Levinas a partir de um sentimento, o horror.

---

23. Ibidem, 80.

Nesse sentido, ser sem portas e saída, submergido no "Il y a", é horrível, uma vez que "o horror executa a condenação à realidade perpétua, o sem saída da existência"[24].

2.1. O horror do "Il y a"

"O roçar do *há* é horror"[25]. Com essa afirmativa, Levinas mostra que o sentimento de horror é provocado a partir da ameaça que significa a permanência do ser em meio à ausência dos entes. Isso fica claro pelo recurso à noite e à insônia como forma de se aproximar a uma descrição do "Il y a".

> A insegurança não vem das coisas do mundo diurno que a noite encobre – ela vem precisamente do fato de que nada se aproxima, nada vem, nada ameaça: esse silêncio, essa tranquilidade, esse nada de sensações constituem uma surda ameaça, absolutamente indeterminada. A indeterminação faz a sua acuidade. Nesse equívoco, perfila-se a ameaça da presença pura e simples do *há*. É impossível, diante dessa invasão obscura, envolver-se em si mesmo, fechar-se em seu casulo. Está-se exposto. O todo está aberto sobre nós. Em lugar de servir a nosso acesso ao ser, o espaço noturno entrega-nos ao ser[26].

A experiência da ameaça e do horror coloca a condição do Eu: não pode fechar-se em si, pois está exposto numa abertura ao ser que pode submergi-lo, resultando no que dissemos acima, em sua dissolução. É como se o Eu fosse arrastado a um anonimato, à impessoalidade, do

---

24. Ibidem, 73.
25. Ibidem, 70.
26. Ibidem, 69.

mesmo modo que os entes na escuridão da noite. É-se exposto ao ser sem meios de se furtar da obrigação de ter de ser. Isso já é o horror, ou melhor, é já o horror do ser.

O sentimento de horror é horror diante da irremissibilidade do ser, do peso do ser. Como tal, é participação no "Il y a". Nesse sentido, trata-se de uma despersonalização do Eu, uma vez que coloca o Eu na impessoalidade. Nesse sentido, é possível comparar as posições de Levinas e Heidegger. Isso porque o filósofo lituano opõe o sentimento de horror do ser à angústia da morte heideggeriana.

> Opomos, portanto, o horror da noite [...] à angústia heideggeriana; o medo de ser ao medo do nada. Enquanto a angústia, em Heidegger, cumpre o "ser para morte", apreendida e compreendida de algum modo, o horror da noite "sem saída" e "sem resposta" é a existência irremissível [...] perpetuidade do drama da existência, necessidade de assumir para sempre seu peso[27].

Essa comparação mostra que, para Levinas, o sentimento de horror indica a impossibilidade de se esquivar do ser, de se eximir da dramaticidade de existir assumindo o próprio ser.

Ademais, a oposição entre a angústia e o "Il y a" assinala que, em Heidegger, a angústia relaciona-se com a possibilidade da existência entendida como êxtase, de ser diante da possibilidade da morte; já em Levinas, o "Il y a", por seu caráter de impessoalidade, quando assumido como participação no ser, revela o ser como uma carga, um peso a ser assumido. Trata-se, como diz Marcelo Fabri, de uma limitação do Eu, pois "o horror conduz à certeza

---

27. Ibidem, 73.

de que a inevitabilidade da condenação à realidade perpétua e 'sem saída' da existência delimita e reduz o poder do existente"[28].

Com isso, mostra-se que o horror está implicado na participação no ser. Não se trata de se esquivar, ou renunciar ao horror do ser. Nem a morte liberta do horror. O horror é o sentimento original diante da existência. É impossível não ser, pois se é carregado pela obrigação de ser, isto é, "estamos como numa viagem em que é preciso ocupar-se sempre de suas bagagens"[29]. Essa necessidade como obrigação de ser conduz Levinas a mostrar como se dá essa assunção. Eis, assim, o acontecimento da hipóstase.

3. A hipóstase

Até o momento, tratou-se de mostrar como a reflexão inicial de Levinas esteve às voltas com a ontologia, isto é, com a questão do ser, sua compreensão e seu sentido. Ficou evidenciado que, para o filósofo, há um excesso no ser, uma espécie de carga da qual é impossível se desvencilhar. Por isso, em sua abordagem, esse sufocamento do ser, essa obrigação de ser, numa solidão impartilhável, mostra o aspecto impessoal do ser revelado no "Il y a". Dessa forma, o filósofo lituano tentou colocar em questão a ideia predominante na filosofia ocidental, desde Agostinho, de que o mal é carência, defeito. Em Levinas, o ser é percebido como ilimitado, por isso, sem portas de saída. É-se obrigado a ser. Isso não só traz a pergunta se não é mais

---

28. Fabri, Marcelo, *Desencantando a Ontologia. Subjetividade e sentido ético em Levinas*. Porto Alegre: EDIPUCRS, 1997, 47.
29. Levinas, *Da Existência ao Existente*, 27-28.

horrível ser do que se angustiar diante da morte, como também é o ponto nodal da pergunta sobre o porquê da identificação do ser com o mal.

Todavia, a identificação do ser com o mal não permite, precipitadamente, concluir que, para o autor lituano, *o ser seja o próprio mal*. Isso porque, "a excendência e a Felicidade têm necessariamente raízes no ser e, por isso, ser vale mais do que não ser"[30]. Embora todo o horror do anonimato do ser, e apesar de seu sufocamento, ser é necessário. Mas Levinas não trata o ser para nele ficar. Procura uma saída do ser, algo além do ser. Ele procura a excendência do ser, uma forma de passagem para Outrem. Tal passagem é essencialmente, na filosofia do autor lituano, a ética. Da ontologia, vai-se à ética. Ou melhor, é a passagem do ser ao Outro. Mas para que seja possível tal passagem, é inevitável a assunção do ser. Essa condição de assumir o ser, abordada a partir do mal de ser, é designada por Levinas como hipóstase.

A noção de hipóstase começa a ser elaborada em *Da Existência ao Existente*, sendo também explicitada em *O Tempo e o Outro*. Nessas obras, a hipóstase é tratada como um acontecimento a indicar o ato de ser (verbo) tornando-se substantivo, ou seja, o surgimento de um domínio sobre a impessoalidade e anonimato do "Il y a". Significa a assunção do ser pelo ente, ou o surgimento do ente no ser. Em outras palavras, a hipóstase designa o surgimento de um existente em meio à existência, a suspensão do anonimato do "Il y a". A hipóstase é o evento em que o ser

---

30. Ibidem, 9.

deixa de ser anônimo e impessoal para se tornar o ser de alguém. Pela hipóstase um ente é. Levinas explica como isso acontece ao dizer que

> a hipóstase, a aparição do substantivo, não é somente a aparição de uma categoria gramatical nova, ela significa a suspensão do *há* anônimo, a aparição de um domínio privado de um nome. Sobre o fundo do *há* surge um ente. [...] Pela hipóstase o ser anônimo perde seu caráter de *há*. O ente – o que é – é sujeito do verbo *ser* e, por isso mesmo, exerce um domínio sobre a fatalidade do ser que se tornou seu atributo. Existe alguém que assume o ser, de agora em diante seu ser[31].

Segundo Nilo Ribeiro, o que move Levinas a investigar a hipóstase é a "pergunta se há alguma possibilidade de romper com a universalidade e a carga do 'Il y a'"[32]. As análises levinasianas apontam para a resposta positiva. Como hipóstase, o ente se impõe, assegura o seu ser, torna-se senhor de uma impessoalidade na qual estava submergido. Essa imposição tem caráter de virilidade, poder e liberdade, ainda que em meio ao fato de se ter sido lançado sozinho no mundo. Porém, ainda que se destaque do anonimato do ser e que rompa com o que lhe sujeitava, o ente persiste na permanência de estar preso a si.

Mas essa assunção, ou apropriação do ente do ato de ser, precisa ser conquistada num cumprir-se permanente. Por isso, é o drama de um nascimento perpétuo. Na hipóstase, Levinas insere a questão do assumir do tempo. Nesse sentido, aquele que começa a ser, pela hipóstase, "não existe antes de ter começado e, no entanto, é o que

---

31. Ibidem, 100.
32. RIBEIRO, *Sabedoria de amar*, 45.

não existe que deve por seu começo nascer para si mesmo, vir a si, sem partir de nenhuma parte"[33]. A hipóstase se constitui no evento do começo, que se dá no instante e cumpre o presente. Isso porque "o instante encerra um ato pelo qual se adquire a existência"[34]. Nesse ato de se iniciar em si, reside a suficiência, soberania e solidão do ente. O ente é no instante do presente.

Assim, o instante evidencia-se como o acontecimento da relação entre o ente e o ser, de tal modo que o ente domina a existência anônima ("Il y a"), assumindo-a. Sendo assim, o ente torna a existência sua própria existência, a existência de um existente.

O presente é o tempo de engajamento do ente na existência. Ademais, o presente é o movimento de identificação do ente. Mas o que é o movimento de identificação? O que ocorre nesse movimento?

A identificação não é o princípio lógico da identidade: A é A. O movimento de identificação é o partir de si e retornar a si; é a relação consigo mesmo no instante do presente, por meio da qual irrompe um Eu se afirmando no ser. Em Levinas, "a identidade do presente, assim como a identidade do 'Eu', não supõe a identidade de um termo lógico. O 'presente' e o 'Eu' são o movimento de referência a si mesmo que constitui a identidade"[35]. Dessa forma, o filósofo mostra que esse movimento de identificação é a própria hipóstase, isto é, a afirmação de um ente como Eu no assumir do ser.

---

33. Levinas, *Da Existência ao Existente*, 93.
34. Ibidem.
35. Ibidem, 96-97.

Por isso, o Eu que irrompe do "Il y a" anônimo deve agir ocupando-se de si pelo ato de ser. Para Levinas, o ato de ser quer dizer para o Eu uma imposição para assumir o próprio ser. Nesse sentido,

> o ato não é puro. Seu ser duplica-se num ter que ao mesmo tempo possui e é possuído. O começo do ato já é uma dependência e uma preocupação daquilo a que ele pertence e daquilo que lhe pertence. É na medida em que ele se pertence a si próprio que ele se conserva, que ele se torna ele mesmo um substantivo, um ser. Também nisso ele é labor. Ele é preocupação de si mesmo. A preocupação não é, como pensa Heidegger, o próprio ato de estar à beira do nada; ela é imposta, ao contrário, pela solidez do ser que começa e que já está embaraçado pelo excesso de si mesmo. Em lugar de ser pobre e nu, ele afirma sua incorruptibilidade na plena posse de si mesmo. Ele possui riquezas que são fonte de preocupação, antes de ser fonte de gozo[36].

Esse movimento de afirmação implica um engajamento definitivo no ser. Por isso, ser é considerado como esforço por ser. Esforço porque se deve ser a cada instante. Esse esforço significa para o ente que o ser é um peso: o ente estabeleceu um contrato irrescindível com o ser. Assim o ente é um "Eu" entregue a si, como a uma condenação a uma tarefa da qual não pode se eximir. Assim, "estamos atrelados à tarefa. Estamos entregues a ela. Há um abandono, um desamparo na humildade do homem que sofre curvado sobre sua tarefa. Apesar de toda sua liberdade, o esforço revela uma condenação"[37]. Condenação essa cujo sentido é a tragédia do ser compreendida como gravidade

---
36. Ibidem, 28.
37. Ibidem, 32.

e peso do ser. Ser é uma tarefa penosa, realizada no instante da hipóstase.

Com efeito, esse Eu, que é um existente a carregar penosamente o próprio ser, tem, nessa ocupação de si, a constituição do peso de sua materialidade. Assim, o Eu domina o anonimato do "Il y a" mediante o corpo que é. De mais a mais, é pelo corpo que o Eu se identifica, que acontece a relação entre Eu e si mesmo. Com isso, o filósofo quer dizer que a identificação não consiste na reflexão, num voltar-se sobre si da consciência transcendental. O voltar-se sobre si significa, portanto, que

> o retorno do Eu sobre si não é precisamente uma serena reflexão, nem o resultado de uma reflexão puramente filosófica. A relação consigo [...] é a relação com um duplo acorrentamento a mim, com o qual o Eu é precisamente porque é Eu. Isso é manifesto no fato que é preciso ocupar-se de si. Todo empreendimento é uma confusão. Eu não existo como um espírito, como um sorriso ou vento que sopra, não sou sem responsabilidade. Mal é acompanhado por um ter: sou atrapalhado por mim mesmo. E isto é a existência material[38].

Vê-se, assim, que o existente contrai sua existência porque é corpo. Ao mesmo tempo, nessa materialidade reside a tragicidade da existência, pois o Eu, quando identificado consigo, acaba por se tornar cativo de sua identificação. Esse acorrentamento a si coloca a responsabilidade por si mesmo ao mesmo tempo em que revela uma solidão, chamada de ontológica, como vista acima. Para não ser subsumido no "Il y a", é preciso ocupar-se de si provendo a materialidade que se é.

---

38. Idem, *Le Temps et L'Autre*, 37.

Assim, mostra-se o domínio do "Il y a" pela assunção do ser por um ente que, identificado consigo, irrompe no mundo como Eu. A partir disso, aquele horror dito do "Il y a" não mais horroriza. Ele sujeita-se a alguém que fez a hipóstase ao assumir o ser como seu ser. Esse Eu é encarnado, tendo de ocupar-se de si. Isso implica esforço, pois é penoso assumir o próprio ser no instante em que se é. Esse esforço acontece no mundo em meio à satisfação das necessidades que a materialidade corporal impõe.

O Eu, existente no mundo, está preso a si; mas, agora, é chamado a ir ao mundo. Dá-se início à busca pelo rompimento desse encadeamento a si, que constitui o mal de ser. Abre-se, agora, um novo momento na reflexão levinasiana. O Eu que irrompe pela hipóstase encontra-se diante do mundo. Trata-se, então, de um existente no mundo cujo ato de ser é visto de um modo mais leve, pois se depara com um mundo disponível à fruição e à posse.

4. A identificação: o Eu como Mesmo

O Eu, enquanto existente corporal, encontra-se com o mundo. Mundo que, agora, passa a ser descrito como aquilo que afasta o anonimato do "Il y a" e afugenta o horror do ser. A assunção do ser no instante mostra que o existente se encontra engajado em seu existir. Assume-o num mundo rodeado de coisas, as quais se lhe oferecem para que delas possa continuar seu ato de ser. Mas o Eu é inicialmente marcado pela necessidade. Assim, em decorrência de ser necessitado, é preciso continuar a ser a partir desse seu contato com o mundo. No entanto, neste momento, essa ocupação se dá com as coisas do mundo, numa relação em que elas são fruídas e possuídas. Nesse ocupar-se de si, fruindo das e possuindo as coisas do mundo, o Eu se constitui como Mesmo, ou seja, como si mesmo.

Em *Totalidade e Infinito*[39], apresenta-se como acontece esse evento de constituição do Mesmo, a partir da fenomenologia da fruição e da posse. Ao analisar a fruição e a posse, mostra-se como se inicia o estabelecimento de uma ponte entre o Eu e o Outro. Não se trata ainda de um momento ético. Fruição e posse, como se verá, estão referidas à ordem do Eu. Nesse momento, trata-se de mostrar como o Eu persiste em ser. Isso se deve ao fato de a obrigação de ser acarretar um peso à existência. Desse modo, o Eu que busca fruir do mundo, bem como possuí-lo, dá os primeiros passos rumo à ética, como a concebe Levinas. Com a abordagem da fruição e da posse, busca-se dar um passo na compreensão de como se vai do ser ao Outro; como se sai da ontologia e irrompe a ética.

4.1. Gozar da vida: ser si mesmo na fruição

O Eu que irrompe no mundo pela hipóstase afasta o anonimato do "Il y a" e se encontra como que diante das coisas do mundo, como uma oferta para aliviar o peso de ter de ser. Assim, após mostrar como o ser se identifica como mal de ser e como há um horror diante do "Il y a", por sua impessoalidade, passando pela análise da hipóstase como momento em que alguém assume o ser e se torna um existente, cabe prosseguir mostrando como acontece a

---

[39]. Toda a Seção II dessa obra é dedicada a uma fenomenologia das relações primordiais com o mundo, as quais constituem o Eu como tal.

relação de um existente agora não mais sem mundo, mas já estando no mundo.

O existente relaciona-se originalmente com o mundo por meio da fruição, numa espécie de alegria de viver. Pela fruição caracteriza-se como vivente, isto é, antes de ser "consciência de", é aquele que "vive de". Na fruição, inicia-se, assim, o processo de constituição do Eu que, para fruir e se constituir, dispõe do mundo como alimento de consumação. Nesse contato com o mundo, apresenta-se o primeiro processo de identificação do Eu.

O mundo, primeiramente, não é dado como um mundo de objetos para serem utilizados em referência a uma finalidade técnica, mas sim, é dado como alimento que possibilita o fruir alegremente. "Fruímos do mundo antes de nos referirmos aos seus prolongamentos, respiramos, caminhamos, vemos etc."[40]. Esse primeiro contato com o mundo como "viver de" e não "consciência de" significa que o mundo é um todo possível à fruição. Quanto a essa anterioridade da vivência em relação à consciência, afirma Marcelo Fabri que "antes mesmo que Eu encontre o mundo e o represente, já vivo no mundo, não como *Dasein*, não como abandono, mas como Eu que frui soberanamente dos alimentos que o condicionam"[41]. O mundo, portanto, é alimento que possibilita gozo e satisfação àquele que dele frui.

Aquilo que alimenta é chamado de conteúdos da vida. Vive-se desses conteúdos, que são desde os alimentos empíricos até o ar, a água, o luar, a leitura, entre outros. Tais

---

40. Levinas, *Totalidade e Infinito*, 123.
41. Fabri, *Desencantando a Ontologia*, 61.

conteúdos nutrem, revigoram e mantêm o Eu no mundo. Contudo, essa finalidade de nutrição não esgota a existência desses em relação ao Eu, pois extrapolam a simples finalidade de nutrição e se constituem como conteúdos que se oferecem para o prazer, como dito por Levinas, "a vida não consiste em procurar e em consumir os carburantes fornecidos pela respiração e pelo alimento, mas [...] em consumir alimentos terrestres e celestes"[42].

Viver dos conteúdos não é simplesmente retirar-lhes energia, superar a imanência do contato de nutrição. Viver deles é fruir gratuitamente como fruir do pôr do sol ou do luar. A fruição é marca que caracteriza o ser humano, como afirma Levinas, "fruir sem utilidade, em pura perda, gratuitamente, sem remeter para mais nada, em puro dispêndio – eis o humano"[43]. Dessa gratuidade decorre que o fruir é o que caracteriza o consumir. Por isso é que se gosta do bom vinho, da boa sopa e se constrói uma casa em que se possa se sentir acomodado e confortável, para além da segurança e proteção das intempéries climáticas.

Na relação do fruir dos conteúdos, tem-se a origem constituinte do Eu como ser separado da totalidade, um vivente. Evidencia-se, assim, que o fruir está ligado à necessidade.

Necessidade

O existente é aquele que frui da vida. A fruição é pôr-se em relação com os conteúdos, os quais são um não-Eu,

---

42. LEVINAS, *Totalidade e Infinito*, 100.
43. Ibidem, 118.

ou seja, o Outro como pensar, comer, dormir, ler, trabalhar, aquecer-se ao sol. Fruir deles é ser feliz e soberano. A relação com os conteúdos evidencia ser o Eu necessitado. Tal necessidade é também uma dependência do Outro. A necessidade o leva a movimentar-se, a ir ao encontro do mundo para, então, fruir e se realizar. Sentindo-se necessitado, relaciona-se com a exterioridade, pois "a necessidade é fonte de plenitude e de riqueza. Dependência feliz, a necessidade é susceptível de satisfação como um vazio que se preenche"[44].

A necessidade é também essencial porque possibilita o prazer e a felicidade, uma vez que é em suas necessidades que o humano se compraz, se rejubila. De acordo com Susin, "o prazer já começa na fome e se desenvolve a partir daí, na tensão e na ânsia que formam o arco à satisfação"[45]. Na satisfação se é devolvido a si. A saída para se satisfazer leva-o, no fim, ao encontro consigo. A saciedade da necessidade faz justiça àquele que se apresentava como indigente. Mordendo e consumindo os conteúdos da vida, há o saciamento, e a dependência torna-se, então, uma independência, ou seja, o Eu, na indigência de suas necessidades, acaba por ser majestade na satisfação.

A fruição a partir da necessidade manifesta que o Eu explora o não-Eu, o Outro em benefício de si. Dispondo do mundo, o Eu vai ao seu encontro para encerrá-lo em si, isto é, necessitado e dependente, encontra-se com a exterioridade para consumi-la, e, pela satisfação,

---

44. Ibidem, 100.
45. Susin, *O homem Messiânico*, 38.

torna-se um saciado, independente daquilo de que dependia. Eis, assim, o paradoxo do humano: ser dependente e independente.

Dependência – Independente

A fruição realiza o movimento do Eu para si e se caracteriza pela suficiência daquele que goza dos conteúdos da vida. A marca da fruição está em sua dependência em relação aos conteúdos e são esses, por sua vez, que possibilitam a alegria e satisfação. A fruição estabelece uma transitividade que se constitui em dependência – independente.

Por depender dos conteúdos, isso evidencia que o Eu se posiciona ao modo corporal no mundo, isto é, por ser corpo, é necessitado e depende dos conteúdos da vida. Entretanto, isso não significa que, ao fruir dos elementos, ele seja submetido ou escravizado por essa relação. Pelo contrário, é nessa relação de dependência que se torna independente, isto é, ao depender dos conteúdos, acaba por consumi-los, não se fundindo a eles. Desfruta, usufrui e retorna a si satisfeito e feliz, numa espécie de independência soberana. De acordo com Costa, "o fato de se viver de um conteúdo aponta para uma dependência do ser humano vivente em relação aos conteúdos de que vive. Mas o fato de se gozar o conteúdo que se vive promove a independência e a separação entre o vivente e o conteúdo do qual se vive"[46].

Dependente e, ao fruir, independente e separado em relação aos conteúdos, anuncia que o Eu é soberano. Aquele que frui se refere somente a si. Essa dependência

---

46. COSTA, Márcio Luis. *Levinas. Uma introdução*. Petrópolis: Vozes, 2000, 133.

– independente é transitividade do Eu visando autonomia, por isso é centrípeta, isto é, ele se põe para consumir e, assim, satisfazer-se unicamente em benefício de si. O não-Eu ou Outro é sempre explorado e dissolvido no interesse de ser por parte do Eu que frui.

Estrutura da Fruição

A fruição é o movimento inicial do Eu no mundo. Antes de representar o mundo pela consciência, o Eu vive o mundo pela sensibilidade. Na medida em que frui, o Eu desfruta das qualidades sensíveis dos conteúdos que estão à sua disposição no mundo, ou seja, vivencia o sabor das frutas e a brisa no rosto sem que, para isso, seja necessário conhecer ou teorizar o que são as qualidades sensíveis. O Eu contenta-se em sua sensibilidade, pois essa o leva a satisfazer suas necessidades, sem, ainda, preocupar-se com o dia de amanhã.

Por suas necessidades, o Eu lança-se ao mundo para satisfazer-se. Encontrando os conteúdos, vive deles, assimila-os a si quando goza de suas qualidades. Essa saída para consumação realiza-se, de acordo com Susin, ao modo de intencionalidade, isto é, o movimento se dá entre a necessidade e a satisfação. A necessidade está presente no Eu, enquanto a promessa de satisfação está fora, na exterioridade. Diz Levinas, "a necessidade é o próprio retorno, a ansiedade do Eu (*Moi*) por si, egoísmo, forma original de identificação, assimilação do mundo, em vista da coincidência consigo, em vista da felicidade"[47]. Lançando-se

---

47. LEVINAS, *Humanismo do Outro Homem*, 54.

ao encontro da promessa, o Eu a assimila a si, num movimento descrito como involutivo, isto é, para si, incorporando os conteúdos ao fruir, sem referência a ninguém senão a si próprio.

A estrutura da fruição é centrípeta, saída de si para entrar em contato com a exterioridade, incorporando-a com a satisfação e retorno a si, já na independência. Pela fruição, o Eu fecha-se no contentamento, não se importa com outrem[48]. Isso é possível porque

> na fruição, sou absolutamente para mim. Egoísta sem referência a outrem, sou sozinho, sem solidão, inocentemente egoísta e só. Não contra outros, não quanto a mim, mas inteiramente surdo a outrem, fora de toda comunicação e de toda recusa de comunicação, sem ouvidos, como barriga esfomeada[49].

Nessa relação gozosa, o Eu acaba por sentir-se sentido, sua exposição à exterioridade o devolve a si por meio da identificação. Pela identificação, sente-se soberano e independente por estar satisfeito, ainda que numa inocente espontaneidade. Esse movimento inicial do Eu ao mundo é natural e necessário para poder continuar sendo. Contudo, uma vez satisfeito, o Eu pode cerrar-se em si e não ouvir o apelo do Outro homem. Por se sentir autônomo na fruição, pode vir a colocar tudo à sua disposição, inclusive outrem e, assim, ser incapaz de reconhecer a alteridade do Outro, que se apresenta diante dele. É impossível,

---

48. *Outrem* é entendido por Levinas como outro homem, é usado em determinados contextos para distinguir do Outro enquanto objetos e conteúdos da vida, como afirma ele próprio "Para mim, Outrem é Outro homem" (LEVINAS, Emmanuel. *Entre Nós: Ensaios Sobre a Alteridade*, Petrópolis: Vozes, 1997b [1991], 150).

49. LEVINAS, *Totalidade e Infinito*, 118.

pela fruição, entrar em relação com outrem, uma vez que, quando frui, o Eu tenta englobar tudo e, então, pode buscar dissolver outrem em vista de seus interesses para sua satisfação. Na fruição, o Eu está ainda no reino do ser.

A constituição do Eu não se finda na fruição, pois ele se inquieta com o seu amanhã. A fruição como movimento inicial não é suficiente. É preciso recorrer ao trabalho para dominar os conteúdos da vida, transformando-os em posse, para, dessa forma, se assegurarem na morada e garantir a preservação do Eu no ser.

4.2. Identificação pela posse

A análise da identificação do Eu e seu fechamento em si se prolonga com a abordagem levinasiana sobre a posse. A necessidade de possuir surge diante das incertezas do futuro. O Eu que se relaciona originalmente com o mundo, vivendo a gratuidade imediata da fruição, inquieta-se perante o fato de que sua vida está ameaçada e pode, por conta disso, vir a soçobrar. Na fruição vive-se imerso no presente, sem a preocupação com o amanhã. Não se captam os conteúdos da vida, mas somente se aproveitam as suas qualidades.

Na imanência ao presente, como momento de assunção do ser, depara-se com as incertezas do futuro que vem bater à porta do instante em que se vive e, assim, inquieta a tranquilidade do gozo. A possibilidade de sucumbir, isto é, de morrer, manifesta ao Eu sua condição de finitude. Tal condição o preocupa e torna necessário ir ao mundo elementar para constituir o mundo dos objetos e, dessa forma, prover recursos que assegurem a manutenção do seu ser.

A posse marca um novo momento de relação com o mundo, diferente daquela relação vivenciada na boa hora da consumação pela fruição. Na transitividade da fruição, o mundo era alimento, sendo composto por conteúdos que possibilitavam a alegria e soberania de ser ao Eu. Retirava dos conteúdos sua independência por meio do fruir de suas qualidades. Não eram, todavia, qualidades de coisas ou objetos, mas sim qualidades fruídas de elementos. Esses elementos, como entende Levinas, caracterizam-se por serem indeterminados, difusos, uma espécie de *ápeiron*, que causam vertigem e incertezas.

Diante da indeterminação do elemento, o Eu se estremece e, assim, vive a incerteza numa inquietação por seu ser. Só a indeterminação do futuro traz a insegurança à necessidade. O elemento pode ser aproveitado em suas qualidades sem, contudo, poder ser em si mesmo possível. É possível, como afirma Susin, "se aproveitar da fecundidade da terra fecunda, mas não se possui propriamente a terra nem sua fecundidade"[50]. Essa resistência do elemento obriga a adiar a fruição e se esforçar, projetando-se sobre o elemento, visando, assim, coisificá-lo, para então se poder tê-lo.

Dessa forma, na transitividade da posse, busca-se atingir o elemento em sua substancialidade. Isso quer dizer que o Eu se lança ao mundo elementar para trabalhar, tornando o ser dos elementos em ter; manipula os elementos transformando-os em objetos passíveis de serem possuídos. Diz Levinas que, "ao captar para possuir, o

---

50. Susin, *O homem Messiânico*, 52.

trabalho suspende no elemento que exalta [...] a independência do elemento: seu ser. A coisa atesta essa tomada ou compreensão – essa ontologia. A posse neutraliza esse ser: a coisa, enquanto ter, é um ente que perdeu seu ser"[51].

Como não pode possuir a fecundidade da terra, o Eu pode valer-se do que nela é fecundado, como, por exemplo, o trigo, e manipulá-lo pelo trabalho, transformando-o em farinha, e essa, por sua vez, sendo possuída e armazenada, propiciará, no futuro, a fabricação do pão. Esse pão, como alimento, pode ser fruído e garantir a preservação do Eu. Aquilo que assustava como *ápeiron*-indeterminado torna-se, por meio do trabalho que garante a posse, o meio que assegura ao Eu a sua continuidade no ser.

Contudo, esse lançar-se ao mundo tem um condicionante anterior, que proporciona energia ao Eu para o trabalho. Trata-se da morada, na qual se vive a intimidade com alguém como condição até mesmo para a existência da própria morada.

A morada como condição para a posse

A imediatez do gozo, que acaba por inquietar o humano, coloca a necessidade da separação dos elementos, sendo preciso, por isso, adiar a boa hora da fruição. Por essa necessidade, a habitação é analisada fenomenologicamente como condicionante da ida ao mundo, visando superar as incertezas do futuro pelo trabalho e a posse. É a habitação também local de segurança e vivência da intimidade com alguém.

---

51. LEVINAS, *Totalidade e Infinito*, 141.

A filosofia levinasiana coloca a habitação como referencial de localização do Eu no mundo. Novamente aqui se pode remeter à perspectiva heideggeriana da *Geworfenheit*, segundo a qual o *Dasein* estaria jogado no mundo numa espécie de abandono, a exemplo de uma moeda arremessada para trás numa fonte, ficando, então, abandonada a si, sem nenhum referencial. Todavia, em Levinas, não é essa a perspectiva.

A habitação é um lar, uma morada, local de refúgio para onde o Eu se recolhe para viver a intimidade no acolhimento. Pode ser tanto uma casa, como um canto, uma tenda ou uma caverna. A função da casa extrapola ideia de proteção, e está mais como condição para todo agir do Eu no mundo.

É a partir de sua morada que se vai ao mundo, e esse mundo se situa em relação a ela, e não o inverso. Se, na fruição, os elementos assustavam por sua indeterminação, agora, tendo um referencial em que se apoiar, o Eu não se perde diante da inquietação. Isso porque, segundo Levinas, "o homem mantém-se no mundo como vindo para ele a partir de um domínio privado, de um em sua casa, para onde se pode retirar a qualquer altura"[52]. O "em sua casa", que é um recolhimento, permite ir ao mundo e produzir para, desse modo, superar a inquietação latente na fruição. Esse ato de obrar cria a economia e marca mais um papel da habitação, ser condição do trabalho, em que aquilo que se produz vem a ela pela posse, ou seja, a existência do lar faz com que se adie a fruição e, dessa forma, o Eu assegure

---

52. Ibidem, 135.

seu ser pela posse, uma vez que "sem lar toda economia se perderia como esvaecimento imediato do gozo. Gastar-se-ia imediatamente, não haveria economia"[53]. A casa funda a economia e assegura a vida do Eu no mundo.

Embora seja condição para a posse, a morada também tem um condicionante. No recolhimento da habitação, é necessário, como foi dito, suspender as relações imediatas para, assim, não soçobrar e, com isso, é possível ao Eu dedicar mais atenção para si. Nessa vida de recolhimento, pretende-se superar a inquietação e as incertezas do futuro. O voltar-se para si, no recolhimento da morada, só é possível pela vivência da intimidade. Tal intimidade se dá com alguém que oportuniza, nesse recolhimento, o acolhimento. Esse alguém deve se revelar como uma presença discreta e, já na sua revelação, ausentar-se: "o Outro, cuja presença é discretamente uma ausência e a partir do qual se realiza o acolhimento hospitaleiro por excelência que descreve o campo da intimidade, é a Mulher"[54]. A mulher surge como condição para o recolhimento em vista de um acolhimento, bem como da constituição da morada e do mundo dos objetos.

Como condição da morada, a mulher é capaz de fornecer energia para que seja possível haver a separação entre a exterioridade do mundo e a interioridade da morada. Retirando-se do mundo para a casa, busca-se o acolhimento. Esse é propiciado pelo feminino que a mulher traz em si. O feminino espalha o calor afetivo na morada,

---

53. Susin, *O homem Messiânico*, 55.
54. Levinas, *Totalidade e Infinito*, 138.

permitindo o destacamento do elemento e, também, fornecendo o *surplus*, um algo mais, espécie de energia que condiciona o agir no mundo. A condição judaica de Levinas se apresenta nesse ponto. Para o autor, é próprio do masculino o pôr-se no mundo construindo, enquanto é próprio do feminino esse acolher com afeto, que condiciona o agir. Contudo, ainda que necessária, a "ausência empírica do sexo feminino numa morada nada altera a dimensão de feminidade que nela permanece aberta, como próprio acolhimento da morada"[55].

A morada se apresenta como referencial do Eu no mundo, e esse referencial tem, na mulher, sua condição de recolhimento e acolhida. Essa acolhida, por sua vez, viabiliza ainda o lançar-se ao mundo para suspender as inquietações do amanhã. A superação das incertezas se dá pela posse que é garantida pelo trabalho.

O trabalho para si, a superação das incertezas do amanhã pela posse

O Eu existe recolhendo-se para o acolhimento da morada que, como foi visto, estabelece a separação entre a interioridade do acolhimento e a exterioridade do mundo. Tal separação pela morada não significa, no entanto, isolamento ou uma espécie de enraizamento, mas marca a distância do Eu em relação à indeterminação dos elementos que já inquietavam na fruição. A separação não é isolamento, pois o corpo do Eu é entendido como um nó entrelaçador entre a interioridade da morada e a exterioridade

---

55. Ibidem, 140.

do mundo. Esse corpo, necessitado e carente, que precisa da posse para não soçobrar, é realizador do trabalho, empregando nesse agir energia e esforço e, assim, acaba se cansando. Contudo, pode retornar à morada para, no seu acolhimento, revigorar-se.

A função da morada, mediada pelo corpo, está na quebra da plenitude dos elementos. É a partir de um "em sua casa corporalmente" que se vai ao mundo para trabalhar e possuir e, com isso, se prevenir, já pelo presente, para o futuro em que as incertezas se anunciam. Portanto é pelo trabalho, e tendo como condição a morada, que se faz viável a posse.

O trabalho, na análise fenomenológica levinasiana, é uma ação dominante sobre a indeterminação dos elementos, numa espécie de energia de aquisição. O mundo se caracteriza primeiramente por sua elementaridade, isto é, a matéria se manifesta obscura e incerta numa indeterminação. Pelo trabalho se acessa esse elemental incerto, modelando-o. O trabalho modela o mundo em vista da posse na morada. Para Levinas,

> o trabalho que separa as coisas dos elementos em que mergulho descobre substâncias duráveis, [...] adquirindo-as como bens-móveis, transportáveis, postos em reserva, depositados na casa. A indeterminação do elemento é assim suspensa pelo trabalho que a arrebata como posse para si, fixando dessa forma a posse nas prateleiras da morada[56].

A mão age conferindo a forma ao informe e, assim, constitui o mundo dos objetos ou das coisas. O elemento

---

56. Ibidem.

indeterminado é dominado pelo trabalho que produz objetos possíveis; esse elemento não está mais em referência natural ao mundo porque foi arrebatado pelo trabalho, que o tornou objeto de posse do Eu. O trabalho, que viabiliza a posse pelo arresto sobre as coisas, representa um poder maior de soberana independência para o Eu. Na fruição, a independência se estremece diante das incertezas do amanhã, já que o aproveitamento gratuito das qualidades não implica a captação do elemento fruído. Desse modo, há uma passividade dependente do Outro não-Eu, isto é, do elemento. Já a independência proporcionada pelo trabalho se dá pela ação de apropriação, que ultrapassa a insegurança do futuro e é garantida pela segurança proporcionada pela posse dos objetos, armazenados como reserva nas prateleiras da morada.

Os objetos possuídos pelo trabalho dilatam a existência do Eu no mundo. Essa reserva armazenada significa dispor de tempo e espaço, por isso que se ama a vida pela posse. Essa soberana independência ainda maior representa que o movimento do trabalho é centrípeto, é movimento para si, isto é, "o trabalho na sua intenção primeira é a aquisição, o movimento para si"[57]. O Outro ser humano é considerado enquanto meio para se adquirir o que se pretende, sua entrada está em termos comerciais.

A aquisição da posse pelo trabalho institui as relações comerciais. O comércio se dá entre coisas mensuráveis, isto é, entre bens valorados por seus proprietários, sendo, assim, passíveis de intercâmbio. O valor é dado de acordo

---

57. Ibidem, 142.

com a promessa de gozo. Tal comércio pode ser feito entre obras, trabalhos e trabalhadores. Com efeito, para que isso ocorra, é necessário haver um mediador neutro capaz de viabilizar os negócios. Isso se dá pelo dinheiro. O dinheiro é um símbolo representativo que agiliza o comércio. Segundo Susin, "é a posse do poder de possuir, potência de possessão"[58]. Sendo assim, dispor de dinheiro é ter a posse do poder de aquisição.

Decorrente do que foi dito, pode-se afirmar que o trabalho se apresenta como energia empregada no tempo presente, visando prevenir, pela posse, o soçobrar futuro. Estabelece, para tanto, um domínio que constitui o mundo dos objetos a partir do mundo elemental, colocando, dessa forma, o Eu numa soberana independência, uma vez que possibilita ter à disposição a posse e, mais do que isso, o fato de o trabalho oportunizar a posse do poder, ou seja, o dinheiro.

Contudo, a posse pelo trabalho é movimento em benefício de si, está aberto à alienação do Eu em relação ao trabalho e todas as decorrências disso, como o abuso do trabalho com a consequente má remuneração, passando pela abusiva falta de oportunidade de empregos advinda de modelos econômicos centrados na preocupação independente de seres humanos que ignoram a dor infligida a outros seres humanos por conta de tal prática. Isso se exemplifica com o que diz Susin, "pode-se deixar o Outro nu e faminto, entregue à própria morte"[59].

---

58. Susin, *O homem Messiânico*, 66.
59. Ibidem, 34.

A estrutura da posse

O Eu que rompe com a totalidade a partir da fruição sofre já nessa primeira separação da totalidade com a insegurança de poder soçobrar. Diante disso, rompe com a gratuidade da fruição para se projetar ao mundo, buscando possuir, o que acontece por meio do trabalho.

Esse segundo movimento do Eu no mundo se assemelha ao primeiro – ao da fruição. Sua estrutura novamente se dá de modo centrípeto, ou seja, é um movimento circular que tem a si como centro, em que se adia a fruição pelo projetar-se ao mundo elemental no qual, pelo trabalho, constitui-se o mundo das coisas. Produzem-se, assim, posses que podem ser incorporadas ao Eu quando esse retorna para a sua morada, local de sua localização e referência no mundo, para onde importa e conserva, como reserva nas prateleiras, aquilo que possui.

O movimento de posse arrebata o objeto para si. É o englobamento do Outro pelo Eu, pois "a posse é a forma por excelência sob a qual o Outro se torna o mesmo, tornando-se meu"[60].

A transitividade da posse como projeção de si para o mundo, a partir da morada, com o englobamento da posse e retorno a si evidencia a identificação do Eu consigo por meio desse movimento. É, assim, um movimento egoísta, e não de transcendência.

Faz-se economia visando à possível continuidade da vida. Entretanto, esse fato não assegura que o Eu poderá

---

60. LEVINAS, *Totalidade e Infinito*, 33.

continuar sendo, pois há o risco da pobreza, de que não consiga possuir o suficiente para subsistir.

Essa situação é evidente. Ainda que dispondo do recolhimento da morada e do trabalho, nem por isso o Eu está seguro, porque o abuso e a má remuneração do trabalho representam perigo, e a pobreza é eminente. Sobre isso, afirma Costa que o

> desdobrar-se da morada para a constituição do mundo não garante, *a priori*, o acesso aos entes que cumprem a função de manter a vida. A constituição de um mundo abundante por parte de um determinado humano pode significar a pobreza de outro humano que não consegue o acesso objetivo ao necessário para a permanência e reprodução de sua vida[61].

O fazer econômico, por seu movimento primeiro de egoísmo, pode impor-se como mais forte e, assim, realizar corrupção e exploração. Chega, desse modo, ao extremo de deixar morrer outros humanos em virtude dos interesses econômicos. Pode-se considerar que a posse confere um poder de uma independência maior do que aquele da fruição. O movimento de identificação se confirma na posse e continua o fechamento do Eu consigo. Não há ainda acesso ao Outro ser humano. O Eu está aprisionado às necessidades de se manter em seu ser.

Do que foi dito até aqui sobre a identificação como constituição do Mesmo, evidencia-se que a abordagem da fruição e da posse demonstram um Eu soberano e feliz, que rompeu com o anonimato do "Il y a" e seu horror, a ponto de ser adjetivado como feliz. Contudo, é só consigo,

---

61. COSTA, *Levinas. Uma introdução*, 139.

condenado a um excesso de ser si mesmo. Embora lhes sejam importantes, essas relações não o conduzem ao Outro ser humano, pois o Outro é dissolvido no gozo e coisificado na posse.

Essa suficiência do Mesmo, na sua identificação de ipseidade, no seu egoísmo, dará ensejo à crítica levinasiana com sua afirmação de que a filosofia é uma egologia[62]. Disso decorre que a filosofia ocidental foi, na maioria das vezes, uma ontologia, redução do Outro ao Mesmo. Nessa perspectiva, o Eu que irrompe no mudo caracteriza-se pelo poder diante do Outro. Por isso subsume todo Outro a si em vista de sua permanência no ser.

Nesse sentido, se o Outro, como alimento, objeto e até mesmo como outro ser humano tem sua alteridade negada em vista da afirmação do ser por parte do Eu, que se constitui como Mesmo, isso ratifica que a filosofia ocidental se constitui como ontologia. Mas o prevalecimento desse discurso acaba por ser questionado por Levinas, com a pergunta se a ontologia é fundamental. A partir desse questionamento, já se vislumbra dar um passo em busca de se mostrar a passagem da análise sobre o ser para o Outro.

5. Do questionamento da ontologia à passagem ao outro

No artigo *A ontologia é fundamental?*, publicado em 1951[63], são apresentados, ao mesmo tempo, uma análise

---

62. LEVINAS, *Totalidade e Infinito*, 31.

63. Este artigo seria, posteriormente, compilado com outros artigos, resultando no livro *Entre Nós. Ensaios sobre a alteridade*.

crítica da ontologia e um esboço de sua perspectiva ética. A perspectiva crítica do filósofo lituano coloca em questionamento "uma das mais luminosas evidências"[64]: o primado da ontologia. Sua posição está sob a influência que representou a novidade da analítica existencial, presente na ontologia heideggeriana de *Ser e Tempo*. Todavia, não se trata, nesta obra, de analisar esse artigo.

De sua leitura, podem-se pinçar argumentos que permitam mostrar como a compreensão do ser, que é a ontologia, não consiste na relação mais original e originária com o ser. Ora, questionar essa evidência da compreensão do ser implica questionar até mesmo a depreensão de que "todo o homem é ontologia"[65], pois, nessa perspectiva, a compreensão invade toda a existência humana. Nesse sentido, compreender o ser ou o conhecer esgotaria o próprio sentido da existência, e mais, ratificaria a afirmação aristotélica, segundo a qual "todos os homens aspiram por natureza ao conhecimento"[66].

Porém Levinas visa contestar esse primado. Isso foi evidenciado acima pela análise das obras *Da existência ao Existente* e *O Tempo e o Outro*, em que se mostrou que a relação primeira entre o existente e o ser antecede a compreensão teórica do ser. Desse modo, o filósofo lituano mostrou haver uma relação primigênia, o início da relação com o ser. Tal relação, como foi mostrada, revela-se como acontecimento de assunção do ser no instante. É o momento de subjugar a impessoalidade e o horror do "Il y a" pela

---

64. LEVINAS, *Entre Nós: Ensaios Sobre a Alteridade*, 21.
65. Ibidem, 22.
66. Ibidem, 25.

hipóstase. Essa relação se constitui como poder do existente frente ao ser, pois é necessário assumir o ser em cada instante, para não ser subsumido em seu anonimato. Mas o peso dessa relação é aliviado pela relação com o mundo, em que o existente frui dos elementos e os possui para assegurar seu existir. Não obstante essa saída em direção ao mundo, ainda assim persiste o ser. O Eu é o Mesmo que traz para si aquilo que ele não é. Nesse sentido, o existente está no mundo ao modo do poder. Subsume todo Outro a si: alimento, posses. A alteridade do Outro é submetida à afirmação do Eu no mundo enquanto Mesmo. Esse domínio é nomeado como totalização, redução do Outro a si. O reino do Mesmo é marcado pela egologia, em que vale assegurar o próprio ser. Todavia, não há, nessa afirmação, uma crítica de cunho moral. Trata-se de evidenciar que o *conatus*, a manutenção do próprio ser se faz à custa da redução da alteridade.

Em *A Ontologia é fundamental?*, Levinas questiona o predomínio dessa relação de poder do existente com o ser e o mundo. Mas como sair dessa relação de poder? Como sair da ontologia? Na medida em que a primeira relação com o ser é demonstrada como não sendo a compreensão do ser, o filósofo afirma um acontecimento que perturba a relação do poder e que tira o existente da condenação permanente a estar votado a persistir em seu ser. Esse acontecimento é a consideração por outrem. Desse modo, para Levinas[67], a superação do primado da ontologia acontece caso se considere o ser a partir do Outro, uma vez que "a

---

67. Ibidem, 29.

relação com outrem, portanto, não é ontologia" e, por conseguinte, a ontologia não é fundamental. Disso decorre que a relação de compreensão com o ser não mantém o seu primado. Por conseguinte, a relação com o ente não é, primeiramente, a sua compreensão. Diz Levinas que "a relação com o ente pode, *a priori*, ser outra coisa que não sua compreensão como ente. Somente pelo Outro! Nossa relação com o Outro [...] supera a compreensão porque ele não nos afeta a partir do conceito. Ele é ente e se basta como tal"[68].

O esforço do pensar levinasiano consistirá em demonstrar que a relação com o Outro ser humano é condição de possibilidade da compreensão do ser, bem como da possibilidade de sua inteligibilidade, que não consiste na relação de poder com o ser e com o mundo. Assim, toda compreensão e inteligibilidade são possíveis porque, primeiramente, há o que Levinas chama de situação ética, o encontro com o Outro.

A situação de encontro com o Outro ser humano estremece a preocupação do Mesmo para consigo. O Outro que chega abala a identificação do Eu; é resistência a qualquer submissão ou relação de poder. Esse Outro que chega é um ente, e "o ente como tal só pode ser numa relação em que o invocamos. O ente é o homem, e é enquanto próximo que o homem é acessível. Enquanto rosto"[69]. O questionamento da ontologia conduz Levinas à ética.

Assim se justifica o caminho percorrido até aqui, pois, segundo Nilo Ribeiro[70], "somente mediante a

---

68. Ibidem, 26.
69. Ibidem, 30.
70. Ribeiro, *Sabedoria de amar*, 77.

apresentação do horizonte anônimo do ser violento e despersonalizante podia justificar o esforço do filósofo de procurar sair do ser para ir à ética 'como' responsabilidade pelo Outro". Compreender como a ética se constitui enquanto responsabilidade é o que se intenta a seguir.

Capítulo 2

Do ser ao outro, a responsabilidade pelo rosto

> Sair de si é ocupar-se do Outro, e de seu sofrimento e de sua morte, antes de ocupar-se da sua própria morte. Eu não digo de maneira alguma que isso se faça com alegria de coração, que isso não é nada, nem sobretudo que isso seria uma cura contra o horror ou cansaço de ser ou contra o esforço de ser, uma maneira a distrair-se de si. Eu penso que é a *descoberta* de fundo de nossa humanidade, a própria descoberta do bem no encontro de outrem – Eu não tenho medo do termo "bem"; *a responsabilidade para com o Outro é o bem. Isso não é agradável, é bem*[1].

A assunção da existência pelo existente apareceu como o encadeamento definitivo a si, isto é, hipóstase. O Eu vem ao ser como si mesmo e se pertence de maneira irremissível, constituindo-se como ipseidade, como Mesmo. Referido a si, pesa-lhe o aguilhão da solidão, pois a existência é como que um fardo a ser assumido somente por si em cada instante. Isso inflama a uma desesperada busca de saída de si, segundo o filósofo lituano. Neste segundo capítulo, busca-se mostrar como é possível a relação não

---

1. LEVINAS, Emmanuel, in: POIRIÉ, Fraçois. *Emmanuel Levinas: ensaio e entrevistas*. São Paulo: Perspectiva, 2007, 82-83.

alérgica com o Outro, de tal forma que demonstre como se dá a passagem do ser ao Outro por meio da responsabilidade pelo rosto.

1. A saída do ser: o bem além da essência

O Eu nada pode fazer por si para escapar dessa condenação a ser si mesmo. Essa busca sôfrega o leva ao mundo para fruir e, ao mesmo tempo, possuí-lo. Não obstante essa relação com o mundo, que marca a separação do Eu do anonimato e impessoalidade do "Il y a" e o constitui como mesmo, ainda assim, não há uma saída do ser, pois o Eu se encontra consigo no retorno da saciedade e na relação com o ser, transformado em ter, assegurado pela posse na morada. Pesa-lhe a tragicidade e a dramaticidade do ser. Enquanto referido a si, o Eu está no mal de ser, conforme mostrado no primeiro capítulo. Mal de ser porque vive a solidão da irremissibilidade de ser si mesmo, da necessidade a cada instante de contrair a existência – de constituir-se como existente, de ter de ir ao mundo para fruir e possuir. Em suma, na permanência no *conatus*, que lhe assegura a continuidade do próprio ser. Essa permanência em si em vista da manutenção do próprio ser é considerada como mal de ser.

1.1. As interpretações da fórmula "além do ser"

É importante, ainda, esclarecer a noção de mal de ser. Levinas identifica o ser puro com o "Il y a", como o ser neutro, uma presença vista como excesso no ser. Nessa perspectiva, a ideia do ser é associada com o conceito de mal. Portanto, excesso de ser é mal ou, como diz Marcelo

Fabri, "o mal não é *privação*, ausência do ser. O mal é o excesso da presença do ser"[2].

Essa presença em excesso é compreendida, como foi mostrado no primeiro capítulo, em termos de acorrentamento a si, como irremissibilidade de ser si mesmo e a impossibilidade de fuga da própria existência, ou seja, a afirmação de si frente ao anonimato do "Il y a". Toda essa busca por irromper do anonimato do ser acarreta a ligação irrescindível com o ser e, por conseguinte, a perseguição por manter-se sendo na existência, só que marcado pela solidão. Ser é mal porque é inflado de si. Essa explicitação mostra a razão pela qual Levinas procura encontrar a evasão do ser. É preciso evadir do ser para romper com o mal de ser.

Entrementes, para encontrar a evasão do ser, é necessário que o filósofo lituano remeta seu pensar aos inícios da filosofia ocidental, com vista a mostrar que a saída do ser conduz a ruptura com o mal que a ele está associado. Que resposta Levinas adota para mostrar a possibilidade de se evadir do mal a que se é submetido por ser? Para responder a essa indagação é preciso, ainda neste momento, recorrer à obra *Da Existência ao Existente*.

No preâmbulo deste escrito é dito que "a fórmula platônica colocando o Bem além do ser é a indicação mais geral e mais vazia que os guia"[3]. Trata-se do problema mais amplo entre o Bem e sua relação com o ser. Levinas conhecia a análise e interpretação heideggeriana desta fórmula. Todavia, seu modo de abordá-la, seguirá uma interpretação

---

2. Fabri, *Desencantando a Ontologia*, 31.
3. Levinas, *Da Existência ao Existente*, 9.

diferente, desvinculando-a da existência autêntica ou da afirmação de si no ser. A pretensão é descortinar o sair do ontológico para o ético.

Heidegger analisou a fórmula platônica com vista a mostrar como é possível se elevar a uma existência superior. O "para além do ser" platônico foi identificado como "o poder ser" do *Dasein*. Seria como sua transcendência, isto é, transcender à existência autêntica. Segundo Levinas, Heidegger submeteu a fórmula a uma redução: absorveu seu caráter ético na ontologia. Isso significa que o autor alemão "reduziu o bem para além do ser à potência do ser si mesmo, ou à compreensão do ser em detrimento do Outro"[4].

O modo como Levinas expõe a análise heideggeriana dessa fórmula indica o caminho que ele encontra para realizar sua crítica à tradição filosófica do ocidente. Ficou evidente a afirmação do esquecimento do Outro pela filosofia ocidental[5]. Essa denúncia significa que a ética ficou preterida no discurso filosófico.

---

4. Ribeiro, *Sabedoria de amar*, 77.
5. Nilo Ribeiro, seguindo a afirmação de Ricoeur, interpreta o pensamento levinasiano como um pensar com vistas a tirar do esquecimento o Outro. Levinas seria um Mestre do Esquecimento, juntamente com Heidegger e Arendt. Ora, se, em Heidegger, tratava-se de tirar o ser do esquecimento, em Levinas, fala-se do esquecimento do Outro. Em vista disso, afirma-se que "a existência humana experimentada pelos contemporâneos se fixa em torno da exacerbação do indivíduo entregue ao imediatismo do saber, do conceito, da técnica, do pensar e até mesmo do gozo, enfim, ao que Levinas denomina uma repetição da *mesmidade* sem alteridade. [...] Nesse sentido, constata-se, a partir da alteridade, que o esquecimento do Outro aparece associado não tanto ao *esquecimento do ser* e à chance do ser se dizer de outro modo, como propugna Heidegger. Deve-se,

Nesse sentido, a crítica levinasiana consistirá em revisar o predomínio da ontologia no discurso filosófico ocidental, ou seja, revisar o predomínio da filosofia como compreensão do ser em detrimento de um pensar que coloque o Outro como ponto de partida, isto é, que o considere condição de possibilidade, inclusive, para se pensar o próprio ser. Nisso reside o sentido e a pertinência da pergunta se a ontologia é fundamental. Dessa forma, se Heidegger falara de um esquecimento do ser, Levinas o contrapôs com a tese do esquecimento do Outro. O pano de fundo da discussão é ainda a ontologia. Levinas se debate com a possibilidade e a necessidade de se sair da ontologia e, por conseguinte, das afirmações heideggerianas de que o *Dasein* deva ser o pastor do ser. Por isso ver-se-á que o humano é uma *excendência* do ser.

Daí se segue que a interpretação levinasiana da fórmula platônica difere sobremaneira da de Heidegger. De acordo com o filósofo lituano, sua interpretação "significa que o movimento que conduz um existente em direção ao Bem não é uma transcendência pela qual o existente eleva-se a uma existência superior, mas uma saída do ser e das categorias que o descrevem, uma *excendência*"[6]. Dessa forma, Levinas opõe à transcendência heideggeriana a excendência com relação ao ser e a relação com o Bem.

---

antes, à redução do Outro ao Mesmo. Enfim, o esquecimento do Outro encontra seu profundo enraizamento na hipocrisia da civilização ocidental, da qual é filha a ontologia. Daí a urgência de se evadir do ser" (RIBEIRO, Nilo. Ética e alteridade: a educação como sabedoria da paz. *Conjectura* [Florianópolis], v. 14, n. 3, 2009, 59-60).

6. LEVINAS, *Da Existência ao Existente*, 9.

A interpretação levinasiana da fórmula platônica apresenta uma novidade. Ao seu modo, ele a coloca no horizonte do contexto da relação com o Outro ser humano, e mais, como encontro com o bem. Nesse sentido, ela tem uma significação ética. Para esclarecer esse ponto, podemos nos deter no texto levinasiano abaixo, no qual ele responde de que forma a sua interpretação dessa fórmula mostra que a relação com o Outro ser humano leva ao bem e evade do ser.

> Essa fórmula tem o ar de abusar do termo "bem" ou de usá-lo levianamente. Eu quero, ao contrário, tomá-lo a sério. Penso que ele está no centro da problemática filosófica. Em todo o meu esforço, há como que uma desvalorização da noção do ser que, em sua obstinação em perseverar em ser, encobre violência e mal, ego e egoísmo. É a noção do bem que me parece corresponder às minhas análises do para-com-o-Outro [...]. O bem é a passagem ao Outro, ou seja, uma maneira de relaxar minha tensão sobre meu existir à guisa de cuidado para consigo, no qual o existir de outrem é mais importante que o meu. O bem é esse excedente de importância de outrem sobre mim, cuja possibilidade, na realidade, é a ruptura do ser pelo humano ou *o bem no sentido ético do termo*[7].

A sua interpretação da fórmula platônica visa tomá-la a sério, o que significa mostrá-la ocupando o centro da filosofia. Mas, para realizar esse deslocamento na compreensão da própria filosofia, isso requer ir à contramão da filosofia ocidental, cujo discurso fez do ser sua pedra arquimédica. Por isso, afirma que seu trabalho consistiu na desvalorização do ser, pois a perseverança no ser encobre o egoísmo, explicitado na violência e no mal. A afirmação

---

7. Idem, in: POIRIÉ, *Emmanuel Levinas: ensaio e entrevistas*, 93.

que identifica o ser com o mal não é leviana, tampouco arbitrária. O autor constata que, enquanto há a perseverança por ser, um dobrar-se sobre a própria existência, a fim de mantê-la, isso se caracteriza como egoísmo. Egoísmo sem saída, enclausuramento na perseverança por si, isto é, mal. Em vista desse mal de ser reside a importância dada pelo filósofo lituano pela busca de sair do ser, ou, dito ao seu modo, excender o ser.

Excender o ser é sair do mal de ser, evadir-se das amarras do enclausuramento do egoísmo por si, da identificação como movimento em que o Eu está referido unicamente a si. Essa saída se dá na relação com o Outro. Segundo Levinas, é à noção de bem que corresponde essa relação. Por isso, a excendência do ser é o bem.

Não se trata do bem como um universal, ao modo da metafísica clássica. Se assim o fosse, estaria, ainda, nas amarras do ser. Isso porque a tradição filosófica, desde Platão, identificou o bem com o ser. Nesse caso, ser já é estar no bem. Em contrapartida, o bem é a concretude da saída do egoísmo, da perseverança por si. Não se trata de uma ideia, senão o encontro com o Outro. Nesse sentido é que o bem excende o ser. Dito sinteticamente por Susin, "o bem é o Outro, e o ser é simplesmente ser, é egoísmo"[8].

Dessa forma, excender o ser é romper com o esquecimento do Outro, tão preponderante no discurso filosófico ocidental, conforme diz Levinas. Evidencia-se, nesta primeira aproximação ao sentido levinasiano do bem, que não se trata de uma ideia transcendental. Seu sentido está

---

8. Susin, *O homem Messiânico*, 230.

relacionado ao que Levinas nomeou de situação ética, do encontro com o outro humano ou, como ele diz, no encontro com o Rosto.

Desse modo, ocorre concretamente a saída do ser, e o problema do Bem, tão característico da metafísica clássica, recebe um outro significado, a partir da relação de interpelação do Rosto como apelo à responsabilidade.

2. O bem além do ser se diz na responsabilidade

A interpretação levinasiana da fórmula platônica do "bem além do ser" responde à problemática de encontrar um modo de evadir-se do ser. Problemática porque, enquanto o Eu está vinculado ao ser, está exposto à necessidade premente de ter de manter-se. É-se, assim, condenado ao *conatus*. Essa perseverança a si traz como consequência inevitável o esquecimento do Outro, conforme a análise do mal de ser, da fruição e da posse.

Ora, é sabido como Heidegger se ocupou em retirar o ser do esquecimento. Para Levinas, o desafio consiste em retirar o Outro do esquecimento a que foi relegado e subjugado por causa da busca por compreender e se afirmar no ser, como aludimos acima. É para esse sentido que se entende a crítica levinasiana, em forma de questionamento: *a ontologia é fundamental?* Isso porque a ontologia é caracterizada como poder, pois, para ser, o Eu precisa se apoderar do próprio ser a cada instante. Desse modo, o Eu subsume a si todo Outro, seja o mundo, os utensílios, ou os elementos do mundo, como mostramos ao abordar a fruição e a posse. Disso não escapa, inclusive, o outro ser humano. Basta abrir os jornais diários, os noticiários televisivos e verificar como essa negação acontece na forma de violência, por meio de assassinatos.

Como, então, será possível ao Eu se relacionar com o Outro ser humano sem que o subjugue a si, sem que tal encontro não aconteça por meio do poder? É possível uma relação não alérgica com o outro ser humano? É possível uma relação entre o Eu e o Outro fora da ontologia, do poder, e sem que isso seja interpretado como mero palavrório ou discurso retórico?

As respostas a esses questionamentos se encontram na busca do pensar levinasiano por encontrar um sentido do ser humano diverso daquele advindo da ontologia. Segundo Levinas, "o humano só se oferece a uma relação que não é poder"[9]. Tal oferecimento acontece no que Levinas nomeia de *situação*, em que o Outro ser humano não é um objeto entre outros objetos. Isso porque o encontro com o Outro humano é, de partida, relação. Relação em que o Outro não afeta o Eu ao modo de um conceito geral, senão como um ente. Caso fosse um objeto, a relação com o Outro humano dar-se-ia no nível do conhecimento e da compreensão ou da ocupação com um utensílio, ao modo de Heidegger. O outro ser humano é ente e, como tal, excede a compreensão e a percepção que o descobre e o apreende. O encontro com o outro ser humano acontece na linguagem. Por isso, o Outro humano "é o único ser que não posso encontrar sem lhe exprimir este encontro mesmo. O encontro distingue-se do conhecimento

---

9. Levinas, *Entre Nós: Ensaios Sobre a Alteridade*, 33.

precisamente por isso. Há em toda atitude referente ao humano uma saudação"[10]. Mas em que consiste e como acontece essa saudação?

A impossibilidade de abordar o outro ser humano sem lhe falar não significa que se vise expressar ou transmitir um conteúdo articulado na compreensão relativa a quem se abordou. "Ela consiste, antes de toda participação, num conteúdo comum pela compreensão, em instituir a socialidade por uma relação irredutível, por conseguinte, à compreensão"[11]. A socialidade, relação entre seres humanos, afasta-se do exercício do poder. Ela é a relação não alérgica. Relação que é uma situação em que o Eu não reduz o Outro ser humano. Nessa situação, o outro ser humano é irredutível ao horizonte de compreensão, que busca reduzi-lo a um objeto entre outros objetos ou a um termo neutro, como um conceito. O filósofo lituano concebe essa situação, tendo em vista o evento que acontece nela, como *situação ética*.

Mas o que Levinas pretende dizer ao afirmar tal situação como ética? Por que haveria de ser, de chofre, ética uma situação em que um Eu está diante de outro ser humano? Mesmo que essa situação seja ética, por que então se prorrompem, na história humana, assassinatos, ou a negação constante do Outro? Tais questionamentos, entre outros, são inevitáveis quando se lê Levinas. Respondê-los consiste em mostrar que as afirmações do filósofo não são meras opiniões descontinuadas da tradição filosófica ocidental.

---

10. Idem, *Da Existência ao Existente*, 27.
11. Ibidem, 29.

Tais questionamentos podem ser respondidos à luz da elucidação do sentido da situação ética. Esse sentido pode ser encontrado já na obra *O Tempo e o Outro*, embora, nela, o filósofo lituano não adjetive tal situação como ética. Após verificar, pela análise da fruição e da posse, que todo Outro era subsumido pelo Eu, ele procurou um acontecimento, dito como situação, em que o Outro não aparecesse sendo acolhido como um objeto. Ao mesmo tempo, essa situação não poderia subsumir o próprio Eu, do contrário, estaria corroborando, ainda, a manutenção da ordem do ser, da afirmação de si. Desse modo, essa situação está relacionada com o desvencilhar-se do poder, que caracterizou o Eu na fruição e, sobretudo, na posse.

A situação ética é descrita como "situação em que o evento se aproxima de um sujeito que não pode assumi-lo, que não pode mais poder, mas que, contudo, se encontra diante dele [...]. Situação que, como relação, dá-se com outrem, é relação face a face, encontro de um Rosto"[12]. Evidencia-se que o Eu não pode poder. Caso use o poder de afirmar sobre o Outro, nega-o. Dessa forma, o exercício do poder ratifica, justifica e comprova o encarceramento a si.

Outro ponto destacado acima mostra que, no pensamento levinasiano, o Outro, o ente humano, apresenta-se no mundo como rosto. O rosto é advento, irrupção diante do Eu que, separado no mundo pela identificação, constitui-se como Mesmo. Essa presença acarreta, segundo Levinas, um reviramento na posição do Eu no mundo,

---

12. Idem, *Le Temps et L'Autre*, 67.

enquanto afirmando-se no *conatus*. Emerge de tais afirmações um questionamento: o que é esse reviramento quando um Outro, agora, irrompe como Rosto diante do Eu complacente a si na identificação como Mesmo?

2.1. A situação ética: o questionamento e a vergonha por ser

O Eu, enquanto identificado a si como Mesmo, pela fruição e posse, rompe com o anonimato do "Il y a" e irrompe no mundo, afirmando-se no ser. Mas esse itinerário de identificação acarreta, conforme mostra Levinas, um acorrentamento a si, desembocando num excesso de ser. Esse excesso foi visto como mal de ser, padecimento de um acorrentamento que clama por evasão. Dado que todo Outro é totalizado pelo Eu em sua constituição de Mesmo, Levinas mostra que há um Outro cuja presença rompe com essa perseverança do Eu a si. Trata-se do Outro como ser humano, cuja presença desencadeia ao Eu, cerrado a si, uma espécie de vergonha em decorrência de sua ingênua espontaneidade. A vergonha, como um evento pela irrupção do Outro humano, dá-se num lugar, na situação ética, no encontro face a face.

Não se trata, ainda, de evocar e explicitar o que seja o encontro face a face. De maneira geral, trata-se do encontro com o Outro humano, no qual não cabe a noção de intencionalidade da consciência, tampouco acontece como quando diante de objetos do mundo. Nesse sentido, se entende que a concepção levinasiana de vergonha acarreta o reviramento do Eu. Levinas elabora a noção de vergonha no artigo intitulado, em espanhol, *Transcendencia y Altura*.

De acordo com o filósofo lituano, a vergonha é um acontecimento que irrompe pela presença do Outro humano. Esse é um advento cuja chegada é um questionamento da soberania do Eu, de sua pretensa autonomia conseguida mediante o rompimento com o anonimato do *"Il y a"*, bem como pela identificação como Mesmo.

Nesse sentido, a vergonha marca o início de uma mudança de orientação ao Eu. É, assim, a possibilidade de uma ruptura com o itinerário da identificação consigo, uma alteração que conduz a um outro modo, que será visto como *outramente que ser*[13]. A vergonha pelo questionamento destrona o Eu de sua altivez, estabelecida originariamente, pois, de acordo com Susin,

> a espontaneidade da liberdade, da posse e do conhecimento, a ingenuidade da fruição das minhas riquezas e juízos soberanos, sem preocupação pela justiça e pelo Outro, eram até aqui, pela soberania sem se dar conta do Outro, possível causa de agonia de alguém, de violência ao Outro no exercício mesmo da minha liberdade arbitrária em algum dos seus mecanismos – pelo uso dos intermediários a meu favor[14].

Evidencia-se, pelo texto de Susin, que a ingênua espontaneidade do Eu no mundo é causa de agonia e violência ao outro humano. É como se o Eu estivesse só no mundo, sem considerar nada nem ninguém em sua posição no ser. A preocupação consigo redunda, inevitavelmente, no olvidar-se do outro humano. Isso porque o

---

13. Nas páginas a seguir e, sobretudo, no terceiro capítulo, ver-se-á mais detalhadamente como Levinas compõe essa sua noção de "outramente que ser".

14. Susin, *O homem Messiânico*, 263.

exercício de o Eu se pôr no ser desemboca na assimilação de todo Outro. Por isso a crítica levinasiana à filosofia como "assimilação de todo Outro ao Mesmo"[15].

Essa assimilação significa que a filosofia "nasceu de uma alergia"[16], dessa alergia à presença de todo Outro, a qual acarreta a busca desenfreada por sua assimilação. É assim com as relações originárias como a fruição e posse, mas também, e, sobretudo, com o conhecimento. A tradição filosófica ocidental concebeu o conhecimento como uma transcendência do Eu, uma saída de si. Entretanto, Levinas questiona essa visão a tal ponto de relacionar conhecimento com violência, por considerar que, pelo conhecimento, o Eu permanece em sua saga por manter-se no ser. Essa crítica visa à concepção do ente humano como aquele que compreende o ser. Se o ser do ente é compreender o ser, acaba que o Eu está vinculado a si, preocupado sobremaneira pelo seu ser. O cuidado que se descortina a partir dessa preocupação em compreender o ser é única e exclusivamente cuidado pelo próprio ser. A crítica claramente é dirigida a Heidegger.

Levinas considera haver uma ligação entre o conhecimento e o egoísmo. A relação do conhecimento é estabelecida entre sujeito e objeto. Nesse vínculo, o objeto sofre a investida do sujeito cognoscente, um Eu, que o modela em relação com seus interesses. Conhecer é, então, investir sobre objetos visando captá-los para, desse modo, pô-los num horizonte de domínio exercido por parte do sujeito.

---

15. LEVINAS, Emmanuel, *Da Evasão*. Gaia: Estratégias Criativas, 2001a, 90.
16. Ibidem, 96.

A situação ética questiona a espontaneidade
da compreensão

O conhecimento é apropriação do objeto. O processo de apropriação ocorre pelo uso de mediadores neutros, terceiro termo. Levinas os concebe como conceitos, símbolos. Tais mediadores pretendem condensar, reunir a realidade, privando-a de sua alteridade, transformando-a num universal. Não se trata mais deste homem, desta mesa, dos seres particulares. No conhecimento, o Eu cognoscente despe o conhecido de sua singularidade, da diferença que o individualiza, mantendo apenas o núcleo comum que o faz universal. O sentido desses objetos será dado a partir de sua manifestação à consciência intencional, que faz síntese doadora de sentido. Toda ciência se faz sobre essa redução de conceitualização.

Essa desindividualização proporciona o englobamento da alteridade do objeto a partir do seu conceito. Nesse sentido, afirma Levinas, conhecer equivale a "captar o ser a partir do nada ou reduzi-lo a nada, arrebatar-lhe a alteridade"[17]. O conhecimento por sua apropriação da alteridade, por meio do conceito, acarreta uma atitude egoica, manifestando o interesse da afirmação do sujeito. A absorção da alteridade do objeto é considerada uma forma de violência por parte do sujeito.

O processo de conhecimento revela um domínio por parte do sujeito. Na busca por perseverar, o Eu realiza, mais uma vez, a redução do Outro a si como garantia para sua continuidade e permanência no ser. Contudo, ainda

---

17. Idem, *Totalidade e Infinito*, 31.

que independente e separado, o sujeito que conhece permanece referido a si. Persiste no ser pelo movimento de conhecer, o qual o leva à identificação consigo e, assim, permanece na solidão de ser.

Assim, à violência do conhecimento liga-se a solidão de ser. O existir do Eu se dá na solidão, uma vez que ser si mesmo é estar impossibilitado de partilhar a própria existência. O Eu está entregue a si pelo conhecimento. O conhecimento reafirma a identificação do Eu consigo, ou seja, a transitividade do conhecimento ratifica mais uma vez o movimento centrípeto realizado quando da fruição e da posse. É saída de si e retorno pelo contato com objeto conceitualizado. A solidão de ser si mesmo, presente no conhecimento, evoca novamente a necessidade de sair de si. Na epopeia do pensamento, o conhecimento foi interpretado como porta de saída de si para superar essa solidão. Entretanto, essa saída não passa de uma saída irreal, não coloca em encontro com o Outro humano, pois o conhecimento pretende conceituar para dominar e possuir o objeto. Dessa forma, é uma relação de adequação entre pensamento e pensado, sendo, então, incorporação. Não se chega ao Outro pelo conhecimento, pois o Eu está ainda em si. É o que se depreende do seguinte trecho:

> O conhecimento foi sempre interpretado como assimilação. Mesmo as descobertas mais surpreendentes acabam por ser absorvidas, compreendidas, com o que há de "prender" no "compreender". O conhecimento mais audacioso e distante não nos põe em comunhão com o verdadeiramente Outro, [...] é ainda e sempre solidão[18].

---

18. Idem, *Ética e Infinito*, 52-53.

A pretensa saída é, desse modo, retorno a si por intermédio do objeto conhecido. O Eu ainda está enclausurado a si pelo processo de identificação na transitividade do conhecimento. Não está em situação de encontro com o Outro, senão referido a si pelo próprio conhecimento que assimila em si. Ainda que possa verbalizar, contudo, ainda não está, de fato, em comunhão, em situação definida como ética. Isso se deve ao fato de que o conhecimento se dá na compreensão de todo Outro. Dessa forma, é totalização a si, afirmação do Eu como Mesmo.

2.2. Questionamento da espontaneidade de ser: a vergonha e a reconversão

O conhecimento decorre da espontaneidade e arbitrariedade da liberdade. Mas o conhecimento é alergia do Outro. Portanto, visa torná-lo Mesmo e, por isso, o questionamento levinasiano se "[...] o Mesmo não pode acolher o Outro, não o concebendo como tema, sem o convertê-lo a si mesmo?"[19]. Para Levinas, é possível que seu questionamento se torne uma afirmação para o Eu, ou seja, que ele, de fato, encontre-se com o outro ser humano sem que o totalize. A isso ele chama de reconversão. Ao se tratar da ética como responsabilidade, esse assunto se torna mediador para se mostrar a passagem do ser, como afirmação de si, ao Outro, como abertura capaz de tirar do esquecimento e da negação do outro ser humano.

Ao remeter-se à reconversão, trata-se de apontar uma saída dos caminhos empreendidos até então, de uma não

---

19. Idem, *Do Sagrado ao Santo: Cinco Novas Interpretações Talmúdicas*. Rio de Janeiro: Civilização Brasileira, 2001b, 96.

mais identificação consigo e, por conseguinte, por deixar a posição soberana de afirmação de si no ser e totalização do Outro. Segundo Levinas, "[...] se produz a reconversão precisamente quando o Outro não tem nada em comum comigo, quando é totalmente Outro. Quando, pela nudez e miséria de seus olhos sem defesa, me proíbe o assassinato e paralisa minha impetuosa liberdade"[20]. Isso desencadeia no Eu uma vergonha. Nota-se que não se fala de culpa, pois essa surge no próprio Eu. Já a vergonha decorre da presença do Outro, a quem a espontaneidade do Eu olvidou. A vergonha irrompe desde a presença do Outro.

Por conta disso, o acontecimento da vergonha, pelo questionamento da liberdade espontânea e soberana do Eu, inicia um movimento de ruptura com a identificação, do movimento originário cujo resultado foi visto como o fechamento e, assim, o isolamento do Eu com relação ao Outro. Dessa forma, vergonha e reconversão estão implicadas. Isso ocorre de tal forma que "o acontecimento da reconversão é a vergonha do Eu por sua ingênua espontaneidade de Eu, por sua soberana coincidência consigo na identificação de Mesmo"[21]. Na identificação, o Eu manifestava um poder englobante da alteridade dos Outros, conteúdos da vida, posses e conceitos. Envergonhado e encaminhando a reconversão, percebe-se impotente nesse seu poder, e sua posição poderosa diante do Outro dará lugar ao acolhimento, pois "a reconversão é precisamente a acolhida do absolutamente Outro. Este não se mostra

---

20. Ibidem.
21. Ibidem, 97.

ao Eu como um tema"[22]. Pela acolhida, o Eu se dispõe a romper a circularidade da identificação, uma vez que se apresentará diante daquele que o convoca, e não mais a si primeiramente. Esse comparecimento primeiramente ao Outro marca a reconversão do Eu.

Busca-se, então, saldar uma dívida impagável pelo esquecimento do Outro. O Eu, que antes, na identificação, englobava todo Outro, estava numa posição triunfante. Mas, na reconversão, é despertado pelo questionamento proveniente do Outro. Assim, percebe que não é mais possível ser todo para si, caso contrário, perseverará na solidão e no mal de ser. Isso foi visto anteriormente como excessivo, a ponto de ser concebido como mal de ser. Desse modo, o Eu envergonhado é interpelado pelo Outro, o qual lhe pede uma resposta.

O Outro desencadeia a reconversão. Ele irrompe no mundo do Eu requerendo uma resposta. Levinas descreve esse evento como "a epifania do absolutamente Outro é rosto no qual o Outro me interpela e ordena por sua nudez, por sua miséria. Interpela-me desde sua humildade e desde sua altura"[23]. Esse Outro capaz de vir a questionar a soberania do Eu por sua presença exposta em seu rosto, envergonhando-o, coloca o Eu também numa condição chamada de exílio de si.

Para Susin, a vergonha de tornar-se exílio de si é "uma súplica, uma invocação e um retorno ao Outro, mas retorno desarmado, de olhos baixos e de mãos vazias e

---

22. Ibidem, 98.
23. Ibidem.

estendidas [...]; é um apelo na forma de comparecimento e resposta ao questionamento do Outro, e de responsabilidade pelo Outro"[24]. Infere-se da afirmação de Susin que, a partir da reconversão, a responsabilidade é o fundamento da subjetividade do Eu. Isso porque a reconversão se efetiva de maneira concreta, uma vez que "a reconversão do Mesmo pelo Outro se cumpre num movimento positivo, o da responsabilidade do Eu pelo Outro e diante do Outro"[25]. O Eu não se encontra diante dessa requisição como se pudesse ou não dispor dela, como um dever ou uma obrigação. Segundo Levinas, "ser Eu, a partir de então, é não poder subtrair-se à responsabilidade"[26]. O Outro é uma epifania que coloca em questão o poder de totalização do Eu. Segue-se, então, a análise sobre o sentido do Outro no pensamento levinasiano.

3. A epifania do Outro

Levinas elabora um discurso sobre o Outro que visa romper com a perspectiva lógica que, desde os gregos, predomina no discurso filosófico ocidental. Sob esse ponto de vista, o Outro é o oposto do Eu, o avesso da identidade do Mesmo. Em vista disso, é necessário mostrar um discurso capaz de caminhar à margem do discurso da razão monológica e sua pretensão de dizer algo com sentido sobre o Outro, sem antes considerar a sua revelação por si mesmo.

O Outro não é Outro do Eu, um *alterego*, diferenciado por uma oposição ou contradição formal, como se

---

24. Susin, *O homem Messiânico*, 264.
25. Ibidem, 103.
26. Levinas, *Do Sagrado ao Santo*, 98.

diferencia o esquerdo do direito, ímpar e par, claro e escuro. Nesse caso, a menção a um dos termos já implica, inversamente, a referência ao outro. Ambos pertencem à mesma ordem lógica que lhes dá sentido, tendo, portanto, implicação lógica. Dizer um é já saber do outro não dito. Caso o termo não dito se manifeste, isso não trará nenhuma novidade. Em oposição a esse ponto de vista lógico, Levinas considera que o Outro significa por si mesmo, prescindindo da referência ou da relação *a priori* com o Eu e sua identidade. Ele vem de fora, como um estranho.

Ao mesmo tempo, o autor lituano procura empreender um discurso fora do primado da ontologia. Isso se torna mais explícito no terceiro capítulo, quando se analisa a linguagem ética presente em *Outramente que Ser*, substituindo a linguagem ontológica ainda presente em *Totalidade e Infinito*. De acordo com o filósofo, o Eu e Outro não são indivíduos a partilhar a mesma essência, diferenciando-se entre si por conteúdos de qualidade singulares. Essa diferença do discurso levinasiano causa um impacto até mesmo na maneira como se considera o Eu e seu processo de identificação. No primeiro capítulo, foi mostrado como a identificação do Eu não consiste numa oposição ao Outro, tampouco corresponde a uma tautologia vazia, que equivaleria o Eu a si mesmo como, por exemplo, Pedro é Pedro ou A é A. Para Levinas, a identificação consiste no concreto do egoísmo, a disposição do Eu de, a partir da morada, ir ao mundo para fruí-lo e possuí-lo. Dessa forma, ser Eu, si mesmo, é existir numa existência para si.

É em relação a essa existência separada do Eu, num existir para si, consistindo em permanecer em si, possuindo e tudo podendo, que Levinas vê o Outro significando absolutamente Outro. O Outro se mostra e se contrapõe ao Eu não por uma identidade distinta da sua, ou por uma liberdade a dividir espaços com a sua, tampouco por uma vontade a conflitar com a sua vontade. O Outro é alteridade, uma soberania e transcendência. Por isso, "sobre ele não posso poder, porquanto escapa ao meu domínio"[27]. Dito de Outro modo, sobre o Outro o Eu não pode poder.

Depreende-se dessa afirmação levinasiana que o significado do Outro em relação ao Eu é mais uma interdição ao seu egoísmo espontâneo que propriamente uma diferença ontológica. Sendo assim, ele abala a permanência do Eu em seus domínios e poderes, não se encaixa na tematização da consciência, faz frente ao apossamento econômico e financeiro. Com isso, determina e impõe limites ao imperialismo do poder totalizante e expansão do ser do Eu. Ao mesmo tempo em que determina o Outro, também solicita. Bate à porta do Eu, convocando-o à abertura e ao acolhimento. Isso o Eu não pode dar a si mesmo[28].

Nessa interdição da espontaneidade do Eu, em sua fruição e posse do mundo, enraíza-se o que o filósofo lituano concebe como ética. Em suas palavras, "chama-se ética a esta impugnação da minha espontaneidade pela presença de outrem. A estranheza de Outrem – a sua irredutibilidade a Mim, aos meus pensamentos e às minhas

---

27. Idem, *Totalidade e Infinito*, 26.
28. Nesse ponto, o pensamento de Levinas permite pensar sobre o dom. O Outro irrompe no mundo do Eu, instando-o a dispor-se de si, acolhendo-o. O Eu não pode, pelo seu poder de ser, dar a si a condição de dom. Só o Outro, interpelando o Eu, pode lhe oferecer a possibilidade da reconversão e conduzi-lo ao dom.

posses – realiza-se como um pôr em questão da minha espontaneidade como ética"[29].

Nesse sentido, Levinas apresenta uma concepção de ética destoante daquela predominante na filosofia ocidental desde os gregos. Para essa tradição filosófica, a ética está vinculada ao normativo, designando a adesão consciente a um conjunto de normas, regras que, assumidas livremente, assegurariam a realização do ser humano bem como regulariam a convivência humana em sociedade.

Por sua vez, em Levinas, a ética designa um acontecimento de encontro com a alteridade do Outro, uma situação de reconversão, abalo e até trauma, mas também de passagem, ao Eu para a sua própria situação humana. Portanto, a ética não é resultado de uma razão que, por autorreflexão, determina a norma a ser seguida, ainda que isso seja mais lúcido e evidente para si. Trata-se, então, do que acontece num encontro, numa situação de interpelação que impugna e interdita a espontaneidade do Eu diante do mundo, convocando-o a atender uma solicitação vinda do Outro. A epifania do Outro é uma interdição do poder do Mesmo a uma ordem a acolher o que a ele se revela.

No início, foi perguntado como era possível ao Mesmo, produzindo-se como egoísmo, entrar em relação com o Outro sem, desde logo, negar sua alteridade; ou ainda, se o Mesmo poderia entrar em relação sem, no entanto, subsumir a alteridade ou, pelo seu poder, possuir o Outro, tornando-o Mesmo. Repetidas, agora, essas questões são respondidas mediante a recorrência à interdição

---

29. LEVINAS, *Totalidade e Infinito*, 30.

ao poder do Eu, que a alteridade do Outro parece trazer e mostrar. Não obstante tal resposta, outras perguntas são levantadas a partir do que foi respondido: em que consiste essa impugnação, essa interdição que a alteridade do Outro impõe ao poder totalizante do Eu? Que poder é esse da alteridade, capaz de suspender o poder do Eu, sua espontaneidade de ser si para si, num egoísmo espontâneo de fruir e possuir o mundo?

3.1. A epifania do Outro é resistência ética

Essa impugnação à espontaneidade se constitui no que é denominado como resistência ética do Outro. Sua imposição ao Eu não decorre de um reconhecimento que ele possa fazer de uma dignidade que se assemelha à sua. Tal interdição tampouco comanda as ações e as relações humanas ao modo de uma norma ou lei imposta a todos. Ela convoca ao Eu no encontro com a alteridade, que é o Outro. É essa alteridade que impõe limites à soberania e ao poder do Eu. Sua transcendência rechaça a posse e o poder espontâneo do Mesmo.

A imposição da alteridade do Outro ao Eu é uma presença em cuja epifania há a interpelação em forma de mandamento[30] a comandar a relação entre os seres humanos: "não matarás". Dessa afirmação se segue que receber o Outro é estar em relação com alguém cuja resistência ao

---

30. *Mandamento*, aqui, é desvinculado do sentido religioso. O Eu é convocado a responder a um mandamento, cuja revelação não é creditada a Deus. Trata-se de um mando de responsabilidade e, como será visto posteriormente, de justiça. Conforme Levinas, esse mandamento se inscreve na própria epifania do Outro.

assassinato é ética. Posso querer assassinar o Outro, mas o que pretendo ao realizar tal ação, possuir o Outro, esvai-se nessa mesma ação.

Com efeito, o que também impõe limites à soberania do Eu é a exposição do Outro ao poder, sua indefesa vulnerabilidade à violência, cuja última instância é a morte. O Outro na relação com o Eu está exposto à eventualidade de ser subsumido na morte. Por isso, o Outro é o único que se pode querer matar. Isso porque sua epifania é, por si mesma, uma interdição a quaisquer formas de apossamento, poder e violência. Esse paradoxo que advém quando se fala de uma resistência ética, mas, ao mesmo tempo, de uma exposição vulnerável do Outro, capaz de desembocar em seu assassinato, pode ser melhor esclarecido considerando-se que o que Levinas faz é propor uma oferta ao Eu diante de seu poder totalizador. Ao comentar essa oferta, o filósofo Ricardo Timm de Souza esclarece que

> o Outro enquanto alteridade real é a possibilidade do rompimento de minha totalização, ou seja, de minha solidão de ser, ao constituir-se em expressão e oferta de paz original: fundamento da ética na qual a racionalidade se pode legitimar. Minha solidão pode, porém, escolher a morte de origem, ou seja, a negação da alteridade enquanto tal – pois a oferta é essencialmente apenas isso: oferta, e não coerção de nenhum tipo, muito menos necessidade lógica ou ontológica. E uma tal oferta oferta-se à simples negação[31].

---

31. SOUZA, Ricardo. *Sujeito, Ética e História. Levinas, o Traumatismo Infinito e a Crítica da Filosofia Ocidental*. Porto Alegre: EDIPUCRS, 1999, 41.

Essa negação do Outro acontece diante da alteridade que não é subsumida nos poderes totalizantes, mas no ato de subsumir, em que há a paralisação do poder. Nas palavras de Levinas,

> a alteridade do Outro é a única matéria possível à negação total. Só posso querer matar um ente absolutamente independente, aquele que ultrapassa infinitamente os meus poderes e que desse modo não se opõe a isso, mas paralisa o próprio poder de poder. Outrem é o único ser que eu posso querer matar[32].

A resistência ética mostra um fracasso na pretensão de totalizar a alteridade do Outro. Isso se deve ao fato de que a alteridade do Outro é sua transcendência e, como tal, a possibilidade real do assassinato não a subsume ou conquista. A força do Outro, ou sua resistência, consiste em sua alteridade.

Diante disso, é inevitável questionar se o Outro não poderia contrapor-se ao Eu com um poder mortífero, ou então se o Eu não pode ser mais frágil diante do Outro. A despeito disso, o Outro, por causa de sua alteridade, é aquele que demanda ao Eu um apelo por reconhecimento. Tudo o que o Eu é, tem e pode são solicitados pela presença do Outro. Por isso, sua "presença equivale ao pôr em questão da minha alegre posse do mundo"[33]. O Eu tudo deve ao Outro; Levinas considera ainda o inverso, isto é, há uma dívida do Outro ao Eu?

---

32. LEVINAS, *Totalidade e Infinito*, 177.
33. Ibidem, 62.

3.2. A relação Eu-Outro é assimétrica e irrecíproca

Um elemento constitutivo da ética levinasiana é a assimetria da relação Eu-Outro. Isso significa que Levinas não pretende dizer quais são os direitos do Eu ou os deveres do Outro para com ele. Dizer assimetria significa que entre o Eu e o Outro há uma desigualdade. Não é uma desigualdade devido a qualidades, posses no mundo ou mesmo ao poder. Essa assimetria deve-se à alteridade do Outro, pois, como tal, ele é transcendência, resistência à absorção que o Eu poderia realizar, como o faz com as coisas do mundo. Caso fosse uma relação simétrica, o Outro seria igualado ou totalizado pelo Mesmo. Trata-se de uma assimetria ética.

Nesse sentido, o Outro é mais do que o Eu. Sua epifania é uma ordem ao Eu, reconhecimento e uma súplica a atendê-lo. Ele é, assim, majestade e mendicante. Com isso, somente essa majestade ética do Outro pode interditar ou mesmo impugnar o senhorio ontológico do Eu. Evidencia-se que o Eu não pode exigir do Outro o que exige de si, ou seja, o poder do Eu sobre o mundo e as coisas não pode ser exercido sobre o Outro. Contudo, para evitar equívocos, cabe esclarecer que a assimetria e a majestade ética não concedem ao Outro propriedades ou qualidades ontológicas superiores ao Eu.

Trata-se de um reconhecimento do Outro diante do poder totalizador do Eu. Sendo alteridade, o Outro está numa posição de transcendência e exposição à possibilidade do poder que, inclusive, pode matá-lo. Mas, ao mesmo tempo, isso faz do Outro alguém numa situação ética de ordenamento.

Um outro aspecto presente na situação ética Eu-Outro, juntamente com a assimetria, é a irreciprocidade dessa relação. De acordo com Levinas, diante da alteridade suplicante do Outro, o Eu contrai obrigações que não acarretam a reciprocidade da outra parte. Em suma, as obrigações do Outro não dizem respeito ao Eu. Incumbe ao Eu uma responsabilidade pelo Outro, a qual, por sua vez, não diz respeito de exigir o retorno.

A reciprocidade é questão do Outro, isto é, ao Eu cabe não se furtar de sua responsabilidade. Diz o filósofo lituano, "sou responsável por outrem sem esperar a recíproca, ainda que viesse a custar a vida. A recíproca é assunto dele"[34]. Dessa forma, o Eu que desperta para socorrer o Outro não se importa com a resposta da outra parte.

A perspectiva levinasiana sobre a irreciprocidade difere da perspectiva de Buber. Para este, há simetria e retorno entre as palavras-princípio Eu-Tu. Em Levinas, por sua vez, a simetria da relação, assim como a reciprocidade não se compactuam com a situação ética de impugnação da espontaneidade da identificação do Mesmo. Essa diferença entre os dois autores é exposta pelo próprio Levinas, ao afirmar que

> a relação com outrem não é simétrica, não é absolutamente como em Martin Buber, quando digo Tu a um Eu, teria também, de acordo com Buber, este Eu diante de mim como aquele que me diz Tu. Haveria, portanto, uma relação recíproca. Segundo minha análise, ao invés disso, na relação ao Outro, o que se afirma é assimetria: no começo, pouco me importa o que outrem é em relação a

---

34. Idem, *Ética e Infinito*, 90.

mim, isto é problema dele, para mim ele é antes de tudo aquele por quem eu sou responsável[35].

Esse ponto de vista sobre a situação ética, considerada como assimétrica e irrecíproca, implica outra concepção de justiça. Na perspectiva vigente, nada mais natural que se perguntar e exigir, em vista de se fazer justiça aos direitos do Eu, a retribuição por parte do Outro. No entanto, Levinas não coaduna com esse sentido de justiça, isto é, que ser justo é distribuir o que é de direito a cada um. Nesse sentido, a justiça não depende e tampouco coincide com a boa vontade, que decide fazer algo em benefício dos Outros. Caso esse fosse o sentido de justiça, Levinas estaria confirmando o Mesmo, pois assim a justiça dependeria de seus poderes e lhe concederia méritos. Seria ratificar a estrutura de identificação do Eu como Mesmo, ou seja, a justiça seria mais uma obra da assunção e afirmação do Eu no ser.

Em decorrência dessa ponderação, Levinas concebe a justiça desde o Outro[36]. Isso quer dizer que a justiça coincide com o reconhecimento do Outro e da responsabilidade em forma de obrigações correlatas, que ele impõe desde a situação ética. Todavia, a despeito de ser efetivada desde o Eu, a justiça é despertada pelo Outro. É um

---

35. Idem, *Entre Nós: Ensaios Sobre a Alteridade*, 145.
36. "A Justiça consiste em reconhecer em outrem o meu mestre. A igualdade entre pessoas nada significa por si mesma". Para Levinas, somente é possível a existência da justiça se houver privilégio da assimetria sobre a reciprocidade. "Justiça não é comparação, não é proporção, mas contínua correção e superação do mero limite fixado por uma lei objetiva" (NODARI, Paulo César. Liberdade e proximidade em Levinas. *Veritas* [Porto Alegre], v. 51, n. 2, 30 ago. 2006, p. 92).

dom seu, oferta de sua epifania no mundo do Eu. Por isso, fazer justiça significa reconhecer o Outro[37].

Embora o Outro irrompa diante do Eu numa súplica por reconhecimento e ordenando à reconversão pela responsabilidade, isso não significa que Levinas considere que o Outro, enquanto alteridade, constitua-se numa outra identidade, ciosa de si e de seus espaços, querendo expandir seus domínios e assumir os espaços do Eu. Em decorrência disso, o Outro não se constitui em ameaça ou usurpação dos espaços, domínios, poderes e posses do Eu. As considerações levinasianas em torno da epifania da alteridade resultam no questionamento da liberdade do Eu.

4. A liberdade posta em questão na situação ética

No capítulo *Verdade e Justiça*, de *Totalidade e Infinito*, Levinas analisa a liberdade, colocando-a em questão. Para o filósofo lituano, o Eu, enquanto age de modo racional e autônomo, concebe-se como o fundamento da moralidade. Nessa perspectiva, os atos de bondade que realiza decorrem de sua decisão volitiva e, portanto, de sua liberdade autônoma. Todavia, uma ética justificada na liberdade e autonomia é incapaz de corresponder às exigências mais profundas da humanidade. A predominância, no Ocidente, de uma ética fundamentada na autonomia e na liberdade do sujeito (Eu) permite a Levinas evidenciar que

---

37. Deduz-se essa formulação desde o que afirma Levinas, "o acolhimento de outrem é *ipso facto* a consciência de minha injustiça". LEVINAS, *Entre Nós: Ensaios Sobre a Alteridade*, 73.

a espontaneidade da liberdade não se põe em questão. Limitá-la seria trágico e escandaloso [...] a autonomia – filosofia que tende a assegurar a liberdade ou a identidade dos seres – pressupõe que a própria liberdade está segura do seu direito, justifica-se sem recorrer a mais nada, compraz-se, como Narciso, consigo mesma[38].

Levinas identifica que a Ética decorrente da liberdade e da autonomia ratifica o Eu como princípio. Como Narciso, o Eu permanece referido a si. Embora encontre e atenda ao Outro, procederá numa ética altruísta, da boa vontade. É uma ética egológica, tendo o Eu sempre como eixo justificador. Parece, então, que a liberdade é evidente por si, sendo impossível questionar o seu exercício, uma vez que se considera que o Eu está condenado a ser livre. Dessa forma, o Outro é prescindido de quaisquer considerações sobre a liberdade.

Disso decorre a crítica levinasiana, ao dizer que "raciocina-se em nome da liberdade do Eu como se ele tivesse assistido à criação do mundo e como se somente fosse possível tomar a cargo um mundo surgido do seu livre-arbítrio. Presunção de filósofos, presunção de idealistas"[39]. Ainda que absurdo, se o Eu existisse sozinho no mundo, sua liberdade seria a espontânea dissipação de poder e fruição para assegurar-se no ser.

No entanto, há o Outro. O que seria gratuidade e espontaneidade em ser revela-se arbitrário. Por isso, Levinas julga com severidade a confiança na liberdade autônoma.

---

38. LEVINAS, Emmanuel. *En Découvrant L'Existence avec Husserl et Heidegger*. Paris: Librarie Philophique J. Vrin, 1967, 203.
39. Idem. *De Otro Modo Que Ser: o Más Allá de la Esencia*. Salamanca: Ediciones Sígueme, ⁴2003a [1974], 194.

Assim, colocará a liberdade em questão, porque ela carece fundamentalmente de justiça, não podendo, portanto, fundamentar a ética. Assim, a ética não tem sua fonte na liberdade, mas na consciência de sua indignidade, no encontro com o Outro que lhe causa vergonha e embaraço pelo exercício dessa mesma liberdade, que pode redundar em assassinato e negação da alteridade.

Em Levinas, a liberdade não é capaz de justificar a si mesma e, como tal, não pode ser o fundamento da ética. Sua pretensão não é encontrar os fundamentos da ética ou o que a justifica racionalmente. Trata-se de justificar a liberdade, tornando-a justa. Isso é feito com uma crítica à própria concepção de liberdade, mas, também, em relação à sua espontaneidade, nunca considerada como capaz de fracasso. O exemplo patente é, novamente, a Segunda Guerra Mundial, consequência nefasta da liberdade que precisa ser justificada. Não pela guerra em si, senão pela negação do Outro que nela foi cometida.

A crítica começa pela constatação de uma consciência de indignidade moral. Consciência que só emerge diante do Outro, a quem se é apelado a responder. Pois, nessa situação, a liberdade se descobre mortífera em seu exercício. O Outro assola a liberdade imperiosa do Eu. Como tal, ele se apresenta no que foi chamado de situação ética como aquele sobre quem *não posso poder*, no sentido de que não posso matar. Isso manifesta a vergonha que recai sobre o Eu, enquanto esse não é espontaneidade inocente, mas usurpadora e assassina. Assim, o Outro coloca em questão os poderes do Eu e a gloriosa espontaneidade de sua liberdade. Com isso, a ética é vista como um acontecimento, um encontro de acolhida do Outro pelo Eu.

Ao desconsiderar o Outro, a liberdade é arbitrária. Isso porque, novamente, o Eu não é causa de sua liberdade. Disso se segue que não pode dá-la a si mesmo, senão que a recebe do Outro. Ora, admitir essa condição na ética significa admitir o princípio da heteronomia. Heteronomia não se trata de um princípio racional sem conteúdo, senão que é a concretude da presença da alteridade do Outro. É Outro enquanto epifania diante do Eu que coloca a liberdade em questão, ou seja, "acolher o Outro é pôr minha liberdade em questão"[40]. Tal questionamento da liberdade acarreta sua convocação à justiça.

O acolhimento do Outro tem precedência em relação à liberdade, ou seja, a relação com o Outro é anterior à percepção de que o Eu é com o(s) Outro(s) no mundo. Dito em outras palavras: não sou eu quem diz que existo com os Outros no mundo, mas são os Outros que me dizem que eu existo com eles. E mais, essa relação precede o próprio Eu, pois nenhum ser humano dá a si mesmo a sua existência, mas sempre a recebe de Outro.

Levinas reconhece o valor da autonomia kantiana, calcada na Lei moral, contra a heteronomia da autoridade ou da lei religiosa. Negá-la seria voltar ao pré-moderno, ou retroceder a uma heteronomia acrítica e reacionária. Todavia, à ética calcada na vontade boa, sem restrições, de que fala Kant, opor-se-á a *ética como responsabilidade*, ou seja, uma ética que considera a condição do agir referida à situação ética do encontro com o Outro, ou de encontro face a face, como será visto ulteriormente. A ética da autonomia,

---

40. Idem, *Totalidade e Infinito*, 70.

com a ideia de autodeterminação do Eu, enquanto agente racional livre, não considera as reais condições do agir, pois, ao postular uma liberdade transcendental, subtrai-se do conjunto das determinações naturais e acaba por conceber um Eu como agente transcendental, preso a uma teia de autonomia abstrata, universal e deontológica[41].

Com isso, Levinas procura romper as teias da filosofia Ocidental, que encerram o Outro no mesmo, no Eu autônomo. A filosofia ocidental é considerada como realizando a redução ao mesmo de tudo aquilo que a ele se opõe, ou seja, dissolução da alteridade. Essa totalização resume a liberdade, a autonomia do mesmo. Por isso, a filosofia é uma egologia. Ao reabilitar a heteronomia, Levinas se separa de uma tradição filosófica que procura em si o seu próprio fundamento e rechaça as opiniões heterônomas. Conduz o pensamento a remontar aquém da liberdade, em direção à alteridade, que pode dar à liberdade o que ela, por si, não pode se dar, a dignidade ética, ou seja, a ética não se funda sobre a vontade razoável e livre, isto é, sobre a autonomia soberana do Eu, racional e livre, mas sobre a possibilidade de acolher o Outro de tal maneira que ele tenha precedência sobre o Eu. Isso, de acordo com o filósofo lituano[42], significa que "a existência em realidade não está condenada à liberdade, mas é investida como liberdade. A liberdade não está nua. Filosofar é remontar aquém da

---

[41]. Cf. RIBEIRO, Nilo. O rosto do Outro: passagem de Deus. Ética e transcendência no contexto da teo-lógica contemporânea. In: SOTER (org.). *Deus e vida. Desafios, alternativas, e o futuro da América Latina e do Caribe*. São Paulo: Paulinas, 2008b, 415-430.

[42]. LEVINAS, *Totalidade e Infinito*, 71.

liberdade, descobrir a investidura que liberta a liberdade do arbitrário". Desse modo, não se é condenado à liberdade, mas a descobrir que a liberdade sofre a investidura desde o Outro, que a liberta do arbitrário.

Então, como Levinas chega a concluir que a liberdade é questionada pelo Outro e se revela injustificada? A consciência da liberdade injustificada não significa saber-se culpada. Trata-se, sim, de saber-se não fundamentada numa autarquia, remontando a uma origem aquém da origem, ser anárquica, ou seja, criada. Por não ser *causa sui* não descansa em paz consigo mesma, pois não é princípio. Afirmar essa criação como princípio é ratificar que nenhum sujeito dá a si mesmo as condições de sua existência.

Por isso, entre o Eu e o Outro (alteridade) há uma separação originária, conforme foi demonstrado pela análise do processo de identificação. O Outro é exterioridade, não pode ser contido na arbitrariedade e poder de liberdade do Eu, haja vista a impossibilidade e fracasso do assassinato que, a todo custo, objetiva subsumir a alteridade do Outro. Ora, diante do Outro, a liberdade arbitrária do Eu se encontra injustificável. Esse questionamento da liberdade, que a mostra injustificada, remete à ideia do Infinito.

4.1. A liberdade medida com a ideia do infinito

Para o filósofo lituano, a fim de descobrir "a facticidade injustificada do poder e da liberdade [...] é necessário medi-la com o infinito"[43]. A ideia de infinito é herança cartesiana. Designa a exterioridade de um ser diante daquele

---

43. Ibidem.

que o pensa, ao mesmo tempo em que significa a distância que separa o Eu do Outro. No início do capítulo *Verdade e Justiça*, de *Totalidade e Infinito*, Levinas apresenta a ideia do infinito como o que prostra o Eu, porque ela revela um além sobre o qual ele não pode poder. Nesse sentido, Infinito não quer dizer plenitude de ser, mas sim, a subtração ao poder do Eu. Em vista disso, o Infinito também envergonha o Eu ao revelar que a liberdade é, em seu exercício, assassina, quando procura subsumir a alteridade do Outro, eliminando a infinita distância que os separa.

Levinas trata do Infinito desde sua presença na relação entre o Eu, enquanto Mesmo identificado a si, e o Outro. Com isso ele pretende se inserir numa tradição filosófica que "não lê o direito no poder e não reduz o Outro ao Mesmo"[44], ou seja, o infinito é o acontecimento nessa relação que coloca a resistência de totalização do Outro pelo Eu.

Será no artigo *A filosofia e a ideia do Infinito*, presente em *Descobrindo a Existência com Husserl e Heidegger*, que se encontram as raízes do pensamento levinasiano sobre a ideia do infinito.

No decorrer de suas outras obras, esse tema volta frequentemente, a ponto de compor seus títulos como em *Totalidade e Infinito* e *Ética e Infinito*[45]. Nesse artigo citado, ele, inicialmente, apresenta a ideia do infinito na perspectiva de Descartes.

---

44. Idem, *En Découvrant L'Existence avec Husserl et Heidegger*, 171.
45. Para uma análise da concepção da ideia do Infinito em Levinas, verificar: SOUZA, Ricardo Timm de. Infinito e Ética – sobre a concepção de "infinito ético" em Levinas. In: idem. *Sentido e Alteridade. Dez ensaios sobre o pensamento de Emmnanuel Levinas*, 117-144.

Nas *Meditações*, Descartes[46] descreve que o *cogito* (Eu penso) mantém com o Infinito, que ele não pode conter e de quem está separado, uma relação nomeada de *ideia do infinito*. O *cogito* descobre em si uma ideia da qual reconhece não ser o autor. É a ideia cujo conteúdo ou o *ideatum* ultrapassa a ideia pensada, a ideia de um transbordamento. Essa ideia do infinito revela a distância e a separação entre o que é pensado e a sua ideia, exprimindo a transcendência[47] do Infinito em relação ao Eu que pensa. Isso quer dizer que o Eu pensa o Infinito sem encerrar em si, em seu pensamento, o conteúdo daquilo que pensa, sem adequar a ideia ao seu *ideatum*. "O Infinito é a característica própria de um ser transcendente. O infinito é o absolutamente Outro. O transcendente é o único *ideatum* do qual apenas pode haver uma ideia em nós; está infinitamente afastado da sua ideia – quer dizer, exterior – porque é infinito"[48]. Nesse sentido, o Infinito está separado de sua ideia. Não obstante sua manifestação ao Eu, o Infinito não é abarcado ou se perde nessa manifestação.

A partir de Descartes, Levinas traça seu próprio caminho em relação à ideia do Infinito. Dessa forma, a separação e independência entre o Eu e Outro é o que torna possível essa ideia do Infinito. Isso quer dizer que, apesar dessa independência, há a relação entre eles. Assim, a

---

46. Descartes, René. *Meditações*. São Paulo: Nova Cultural – Os Pensadores, 1999, 233-334.
47. Trata-se da transcendência filosófica que, segundo Levinas, difere da transcendência religiosa porque essa tem o "sentido de participação, mergulho no ser para o qual caminha, o qual detém o ser que transcende" (Levinas, *Totalidade e Infinito*, 35).
48. Levinas, *Totalidade e Infinito*, 36.

ideia do Infinito significa a relação entre o Eu e o Outro, em que o Outro permanece transcendente à sua ideia no Eu. Trata-se de uma relação em que os envolvidos não são subsumidos ou englobados por ela. Nesse sentido, a ideia do infinito fornece o esquema formal da relação entre Eu e Outro, pois o Outro é o infinitamente Outro, alteridade cuja epifania diante do Eu o questiona com a interpelação à responsabilidade.

Sendo o Outro o Infinito, sabe-se que ele se revela ao Eu e, assim, produz a ideia do infinito. Ter a ideia do Infinito é acolher o Outro. Mostra-se, assim, que a ideia do infinito tem significação ética. A seguir, ver-se-á que a epifania do Outro, ou seja, "o modo como Outro se apresenta ultrapassando a ideia do Outro em mim, chamamo-la, de facto, rosto"[49], pois "o Infinito vem à ideia na significância do rosto. O rosto significa o Infinito"[50], ou seja, o Outro é rosto.

5. A epifania do Outro é Rosto

O Eu não consegue, por si e por suas iniciativas, romper a distância que o separa da alteridade do Outro. Isso porque a alteridade não se manifesta como um entre outros fenômenos do mundo, que podem ser captados pela intencionalidade do Eu. O Outro se apresenta de frente e de face, na coincidência entre o que revela e quem revela. O Outro é rosto.

Na perspectiva levinasiana, o rosto não tem o seu sentido identificado com o sentido plástico ou fisionômico

---

49. Ibidem, 37.
50. Idem, *Ética e Infinito*, 97.

corrente, em que designa a plasticidade da verticalidade de olhos, nariz, lábios, testa, oferecido à experiência estética. Dizer rosto implica designar o que é além da imagem sensível, pois como tal ele não é um fenômeno. Em vista disso, Levinas afirma que,

> quando se vê um nariz, os olhos, uma testa, um queixo e se pode descrever, é que nos voltamos para outrem como para um objeto. A melhor maneira de encontrar o Outro é nem sequer atentar à cor dos olhos! Quando se observa a cor dos olhos, não se está em relação social com o Outro. A relação com rosto pode, sem dúvida, ser dominada pela percepção, mas o que é especificamente rosto não se reduz a ela[51].

O rosto se distingue das outras coisas ou fenômenos do mundo e é exterior ao Eu porque fala, se exprime, dizendo o seu significado. Dirige-se de frente, fazendo face ao Eu, dizendo sua identidade e seu próprio conteúdo. Ademais, o rosto, como expressão, destrói no instante e ultrapassa a imagem plástica que ele pode figurar, bem como a ideia de que o Eu pode fazer dele. Ao mesmo tempo, é ultrapassagem da fixação do Outro num conceito, numa imagem sensível ao qual o Eu o reconheceria pela intenção da consciência. Levinas procura mostrar que o rosto não é um conceito, ou mesmo uma ideia que se possa ter diante do Outro. Por isso ele diz que "o modo como o Outro se apresenta, ultrapassando a *ideia do Outro em mim*, chamamo-la, de facto, rosto. Esta maneira não consiste em figurar como tema sob meu olhar, em expor-se como um conjunto de qualidades que formam uma imagem"[52].

---

51. Ibidem, 77.
52. Idem, *Totalidade e Infinito*, 37.

Isso não quer dizer que o rosto não pode ser visto, senão que ele excede o que se vê. A referência levinasiana ao rosto como expressão quer significar que o Outro se apresenta no rosto como si mesmo, como pessoa, na imediatez de sua epifania, sem que haja necessidades de intermediários.

O rosto se apresenta como nudez. Não se trata da nudez enquanto ausência de vestimenta. Nudez quer dizer a ausência de uma forma que medeie a apresentação de um conteúdo, ou seja, o rosto não é conteúdo que irrompe no mundo como um fenômeno captável pela consciência doadora de sentido. De acordo com Levinas,

> O rosto tem um sentido, não pelas suas relações, mas sim a partir dele mesmo, e isto é a expressão. O rosto é a apresentação do ente como ente, sua apresentação real. O rosto não desvela o ente, nem o vela. Para além do desvelamento e da dissimulação que caracteriza as formas, o rosto é expressão[53].

De maneira sintética, poder-se-ia dizer que o rosto rompe com a forma. O sentido do rosto não está fora dele, mas nele próprio.

Vale ressaltar a distinção elaborada por Levinas entre manifestar-se e exprimir-se para referir-se e falar do rosto. A expressão relaciona-se à linguagem e ao ensinamento, como equivalência a significar. Manifestação relaciona-se aos fenômenos. Fenômenos se dão, se oferecem à posse da consciência que os capta. O rosto não corresponde aos fenômenos porque não é aquilo que aparece, que se manifesta no mundo. Ele não se dá, tampouco se

---

53. Idem, *Da Evasão*, 79.

oferece à posse, pois sua significação não é a que provém do Mesmo, senão de si. O rosto fala e ensina, sua epifania é um exprimir-se num discurso que traz um ensinamento novo ao Eu, pois

> o rosto é uma presença viva, é expressão [...] O rosto fala. A manifestação do rosto já é discurso [...] A maneira de desfazer a forma adequada ao Mesmo para se apresentar como Outro é significar ou ter um sentido. Apresentar-se, significando, é falar. Essa presença, afirmada na presença da imagem como a ponto do olhar que vos fixa, é dita. A significação não é uma essência ideal ou uma relação oferecida à intuição intelectual, análoga ainda nisso à sensação oferecida ao olho. Ela é, por excelência, a presença da exterioridade. O sentido é dito e ensinado pela presença[54].

O que o rosto significa é um dirigir-se interpelante ao Outro, um ensino num discurso que fala num apelo por responsabilidade. Trata-se, assim, de um reviramento da imagem do rosto em linguagem. Significa que sua epifania é uma palavra de ordem e súplica; uma convocação do Eu a uma resposta da qual não se pode esquivar. A expressão do rosto é uma palavra não identificada como um signo linguístico ou uma proposição dirigida a um entendimento. Essa palavra é "a primeira palavra: não cometerás assassínio"[55]. A significação do rosto, em Levinas, é ética, em decorrência da sua resistência a ser compreendida como fenômeno e, sobretudo, por exprimir uma convocação à responsabilidade.

---

54. Idem, *Totalidade e Infinito*, 53.
55. Ibidem, 178.

5.1. O Rosto apela à responsabilidade

Essa significação ética do rosto tem o sentido de apelo à responsabilidade. Encontrar o rosto é estar numa situação de ordenamento. Há inscrito no rosto uma interpelação que leva o Eu, do seu encantamento narcísico por si mesmo, a ser despertado à ética. Levinas considera que esse apelo consiste numa seriedade severa de bondade. Em vista disso, não corresponde às inconstâncias dos bons sentimentos ou mesmo disposições altruístas de doação ao Outro, que podem redundar na exaltação virtuosa de um Eu consciente e coerente consigo mesmo. Nesse sentido, Levinas mostra que aquilo que é estritamente do Eu é dispensado quando se trata da responsabilidade.

Somente a partir da responsabilidade inequívoca, como retidão de resposta ao apelo do rosto, é possível a compaixão, compromisso social, filantropia, altruísmo e outras formas de relação do Eu ao Outro. Há uma identificação entre o apelo à responsabilidade e amor ao próximo. Nas palavras do autor lituano, "a responsabilidade pelo próximo é, sem dúvida, o nome grave do que se chama amor do próximo, amor sem Eros, caridade, amor em que o momento ético domina o momento passional, amor sem concupiscência"[56]. Amor é o outro nome da responsabilidade. Por isso a filosofia chama-se, em Levinas, sabedoria de amar. Trata-se, então, de se aproximar do ensinamento do rosto e sua convocação para se ocupar dele.

A interpelação do rosto por responsabilidade não pode ser esgotada na perspectiva egológica ou mesmo

---

56. Idem, *Entre Nós: Ensaios Sobre a Alteridade*, 143.

monológica predominantes na filosofia ocidental. Essa responsabilidade não é a voz da consciência como resposta, que obriga ao Eu agir em coerência consigo mesmo. Se assim o fosse, a relação com o Outro seria meramente normativa. A responsabilidade consiste na resposta ao apelo presente no rosto do Outro. Isso não consiste em um respeito a um princípio de justiça, mas sim, a dispor-se todo a ouvir a palavra de súplica do rosto. Isso quer dizer que a responsabilidade é um apelo ao Eu para libertá-lo do aprisionamento a si, e da irremissibilidade do ser, que o sufoca por seu excesso e ilimitação.

A responsabilidade acontece na afecção pelo Outro, na acolhida de sua alteridade, que impele o Eu a sair de si para além da fruição e da posse. O Eu é revirado em sua presença a si. O encontro com o rosto é afeição do Eu pelo Outro, pela sua expressão que, dirigida ao Eu, é irrecusável. É expressão que é anterior à consciência teórica ou conceitual do Outro. Por isso, o rosto afeta o Eu de modo indelével, pondo-o em questão, como foi mostrado pela análise do questionamento da liberdade.

A partir disso, poder-se-ia questionar se, para Levinas, a responsabilidade não seria uma iniciativa e atividade do Eu. No entanto, esse questionamento não procede. A responsabilidade como acolhida do Outro reside numa passividade e não na aplicação de normas ou leis em seu benefício. Em vista disso, é necessário frisar que é inegável para a convivência humana em sociedade a aplicação de normas pelas quais se pretende fazer justiça a todos, e isso precisa ser contemplado pela ética. No entanto, a originalidade da perspectiva levinasiana consiste em mostrar que a dimensão racional, universal e voluntária da responsabilidade só não corre o risco de deixar de ser ética, desembocando na instrumentalização política, se permanecer enraizada na responsabilidade assimétrica e irrecíproca da relação com o rosto. Isso se justifica porque, segundo Levinas,

> é sempre a partir do rosto, da responsabilidade por outrem, que aparece a justiça, que comporta julgamento e comparação daquilo que, em princípio, é incomparável, pois cada ser é único; todo outrem é único. Nesta necessidade de se ocupar com a justiça aparece a ideia de equidade, sobre a qual está fundada a ideia de objetividade. Há, em certo momento, necessidade de uma pesagem, de comparação, de pensamento, e a filosofia seria, nesse sentido, a aparição da sabedoria a partir do âmago desta caridade inicial; ela seria – e não brinco com as palavras – a sabedoria desta caridade, sabedoria do amor[57].

Ao mostrar como a responsabilidade é um reviramento no Eu, Levinas faz um deslocamento semântico na noção de Filosofia. Para ele, a filosofia é sabedoria do amor. Amor, como foi visto, é ó sinônimo da severidade da responsabilidade. Nesse sentido, a filosofia diz respeito diretamente à responsabilidade. A partir disso, a significação do Eu está relacionada a essa responsabilidade, que o impele a responder pelo rosto do Outro, ou seja, a responsabilidade exprime o sentido ético do Eu.

Dessa forma, acontece uma transformação no Eu. Isso porque o Eu, enquanto existente, não é mais aquele cujo movimento de ser gira em torno de si desde a identificação, mas sim, um existente cuja existência gravita em exprimir-se como resposta ao apelo do Outro. Esse

---

57. Ibidem, 144.

movimento do ser ao Outro é nomeado como bondade. Ora, nessa passagem do ser ao Outro pela responsabilidade já se mostra que a ética levinasiana se constitui com responsabilidade, cujo sinônimo é a bondade.

5.2. A transformação do Eu em bondade

A afirmação de que o Eu é transformado em bondade requer uma explicação que remete ao ser. Em *Totalidade e Infinito* é afirmado que "a bondade consiste em pôr-se no ser de tal maneira que Outrem conta aí mais do que Eu próprio"[58]. O sentido de tal afirmação pode ser entendido em comparação com a epígrafe de *Outramente Que Ser*, em que Levinas, citando Pascal, afirma: "esse é o meu lugar ao sol, eis aqui o começo e a imagem da usurpação de toda a Terra"[59]. Decorre de tal afirmação que a saída do ser e de suas amarras se concretiza na bondade em que o Eu é transformado, com o apelo por responsabilidade, que provém do Rosto do Outro.

Como visto anteriormente, o ser é o movimento de existir do Eu enquanto existente no mundo. Por isso, a bondade não é uma característica ou atributo do ser. Trata-se de uma transformação desse movimento do Eu em se pôr no ser. Contudo, não se trata de ser bonzinho, com sentimento de comiseração pelo mundo e os Outros seres humanos. Significa um acontecimento numa situação concreta de interpelação por responsabilidade diante do encontro do Outro, em sua epifania como Rosto. Posto isso,

---

58. Idem, *Totalidade e Infinito*, 225.
59. Idem, *De Otro Modo Que Ser*, 8.

o Eu responsável pelo Outro é bondade. A transformação do Eu em bondade está vinculada ao desejo que aspira ao Outro. Consiste numa passagem provocada pelo Outro, uma resposta à interpelação para ser bom. A passagem do Outro suscita o desejo.

Desejo e bondade

Na perspectiva de Levinas, o Outro revela o Infinito, como foi visto acima. Ademais, esse Infinito revela-se como desejável, aquele cuja irrupção ordena ao Eu uma resposta. No entanto, o sentido ordinário do desejo como carência, falta, vazio, cederá espaço ao significado de movimento de saída ou resposta ao Infinito. Esse sentido não se relaciona com satisfação, tampouco com o retorno do Eu a si.

Essa modificação da semântica da noção de desejo decorre da distinção que Levinas elabora entre ela e a necessidade. Segundo ele, o desejo difere da necessidade por ser esta surgida no próprio Eu, enquanto o desejo é suscitado pela passagem do Outro. A necessidade, como foi visto na fruição, é passível de satisfação, pois o Eu saciado está identificado consigo. O desejo, de acordo com a abordagem levinasiana, caracteriza-se pelo não saciamento, porque se deseja no desejo o absolutamente Outro, aquele que escapa aos poderes de totalização do Eu. O desejo difere da necessidade por não ser saciável. Caso houvesse satisfação, o Outro seria englobado na saciedade, e o Eu estaria retornando a si na identificação. Desse modo, o desejo seria só mais uma forma de identificação. Por isso, trata-se do desejo que é voltado para aquilo que não cumula, mas abre uma fissão no Eu, "porque é desejo de uma terra onde de modo nenhum nascemos [...] é desejo que não podemos satisfazer"⁶⁰, ou seja, necessidade é nostalgia de si, enquanto desejo é exílio de si, saída para o encontro responsável pelo Outro.

Nas páginas iniciais de *Totalidade e Infinito*, o desejo é concebido como desejo metafísico. Trata-se de metafísico porque aquilo que se deseja transcende os poderes englobantes do Eu, escapando à totalização pretendida pelas relações de fruição e posse. Nessas relações, o Eu, estando necessitado, poderia se satisfazer, pois subsome a alteridade do Outro a si. O Outro se tornaria Eu. O desejo é de outra ordem, pois "o desejo metafísico tem uma outra intenção – deseja o que está para além de tudo o que pode completá-lo. Para além da fome que se satisfaz, da sede que se mata e dos sentidos que se apaziguam, a metafísica deseja o Outro para além das satisfações"⁶¹.

É possível considerar que o desejo consiste na presença da impossibilidade de satisfação de um Eu saciado em seu egoísmo. O desejo metafísico é insaciável, não porque nenhum Outro o cumula, mas porque deseja o Infinito, ou seja, o desejável não cumula aquele que deseja.

O desejo surge desde o Outro, o desejável. Ele inquieta o Eu, questionando a soberania e indiferença. Sua presença é um apelo capaz de estremecer a independência do Eu, rompendo com a hostilidade. Ele desencadeia a impossibilidade da não indiferença do Eu para com o Outro, pois esse, como desejável, questionando o Eu em sua persistência no ser para si, acaba por suscitar um movimento de saída de si. Tal desejo é insaciável e não preenche o Eu. É

---

60. Idem, *Totalidade e Infinito*, 23-34.
61. Ibidem, 22.

como se o desejo se alimentasse da própria fome, isto é, "o desejável não preenche meu desejo, mas aprofunda-o, alimentando-me, de alguma forma, de novas fomes"[62]. Dito de Outro modo, o desejo gera sempre mais desejo, uma abertura no Eu que ele não preenche. Por isso, incumbe ao Eu exilar-se de si para atender ao apelo do Outro que o convoca por sua irrupção.

Mas o desejo significa, também, uma reviravolta no Eu e seu modo de se colocar no ser, pois questiona a própria identificação consigo. Trata-se de um movimento não mais para si, senão para o Outro. O desejo metafísico consiste em despertar no Eu, em sua suficiência, outra fome. Essa fome revela o começo de outra vida, de outra ordem de sentido. Trata-se de uma impossível satisfação, que não é cumulada nem por todas as inesgotáveis posses do Eu. Significa uma fome insaciável, uma vez que não é fome de fruição ou recursos. É fome do que não sacia.

O desejo é como uma condenação do Eu à inanição, a um não repouso em si, pois seu movimento não é mais para si, mas para o Outro na responsabilidade que o desejável ordena. Essa responsabilidade é a significação de que o desejo transforma o Eu em bondade. Isso quer dizer que há uma inversão no sentido da relação do Eu com o ser. A respeito disso, Levinas assevera que

> [...] o desejo marca como que uma inversão. Nele o ser torna-se bondade: no apogeu de seu ser, desabrochado em felicidade, no egoísmo, pondo-se como *ego*, ei-lo que bate o seu próprio recorde, preocupado com um Outro ser. Isso representa uma inversão fundamental, não certamente de

---

62. Idem, *Humanismo do Outro Homem*, 56.

uma qualquer das funções do ser, função desviada de sua finalidade, mas uma inversão de seu próprio exercício de ser, que suspende o seu movimento espontâneo de existir e dá um Outro sentido à sua insuperável apologia[63].

Marcelo Fabri comenta essa afirmação de modo sintético e mostra que o desejo é a possibilidade de o Eu sair do mal de ser e adentrar na bondade. Na verdade, Levinas diz que o ser, na responsabilidade do Eu para o Outro, torna-se bondade. Ora, foi visto que, no processo de identificação, o Eu hipostasiado encontra-se no mal de ser. No entanto, a perspectiva é invertida, pois o ser torna-se bondade quando o Eu é votado na responsabilidade a responder a interpelação da alteridade. Isso quer dizer que,

> para Levinas, a relação com o Outro se dá como desejo. O movimento para-o-Outro que o desejo reclama compromete a soberania do Eu idêntico consigo mesmo. O movimento nunca completa ou plenifica: somos esvaziados e postos em questão. Trata-se, pois, de um desejo que se alimenta da sua própria fome: é bondade[64].

Levinas não receia em falar de bondade. Bondade não é uma ideia universal, como para a metafísica clássica. Está relacionada a um acontecimento no Eu ao modo de transformação, possibilitado pelo desejo suscitado pela alteridade do Outro. Ademais, a bondade é a forma de dizer a responsabilidade desde o desejo que o Outro suscita no Eu para que atenda a sua convocação. Nesse sentido, o Eu responsável torna-se bom ao responder ao rosto que lhe ordena. Em vista disso, Susin comenta que "o desejo é, assim, o começo da transformação do Eu em bondade,

---
63. Idem, *Totalidade e Infinito*, 50.
64. FABRI, *Desencantando a Ontologia*, 83.

mas bondade como resposta responsável a quem está antes e suscita bondade"[65]. Isso quer dizer que a relação entre Eu e Outro consiste no desejo e bondade, em que o Eu, ao mesmo tempo, coloca-se no ser considerando o Outro primeiramente.

A concatenação de citações mostra que a bondade não consiste no seguimento de uma prescrição legal ou de um código do Estado. Trata-se do Eu em seu exílio de si, em estar votado para o Outro. Isso implica que o Eu permanece constantemente na reconversão, a fim de que não se afaste da interpelação do rosto e desemboque no retorno a ser para si. O que comporta o perigo do mal de ser. Essa forma levinasiana de tratar a bondade requer que se diga algo sobre a vontade, com vista a esclarecer o sentido da afirmação: que o Eu é apelado à responsabilidade.

Bondade e vontade

O sentido da vontade, empregado por Levinas, é relacionado ao próprio ato pelo qual o Eu se coloca no ser na identificação. Para ele, vontade significa a liberdade em ação, um querer do Eu por si como Mesmo. Esse sentido coincide com autonomia, espontaneidade, liberdade e egoísmo[66]. Ou com o sentido de ser que se esforça por perseverar no próprio ser. Assim, o Eu pode ser designado

---

65. Susin, *O homem Messiânico*, 262.

66. Esse sentido de vontade não é o mesmo daqueles tratados na ética como arbítrio, força de decisão e liberdade. Enquanto arbítrio, a vontade quer dizer a capacidade racional de agir de uma forma ou de outra; como poder de decisão, a vontade diz respeito à liberdade ética que possibilita o projeto deliberado e a constituição da própria identidade (aquilo que se é); por fim, a vontade como liberdade

como vontade. E justamente essa designação é questionada e contestada para que haja a reconversão do Eu à bondade. A deposição da vontade foi mostrada anteriormente pelo que se disse sobre o questionamento da liberdade desde o ordenamento do Rosto, que suscita desejo e interpela à responsabilidade. Nesse sentido, a vontade, em seu querer espontâneo e ingênuo de permanência em si, não dispõe de poder e recursos para permanecer referida a si, pois está referida ao Rosto.

Na acolhida do Rosto, a vontade se torna inversão do Eu, torna-se bondade, ou seja, "a estrutura da vontade livre que se torna bondade não parece mais com a espontaneidade gloriosa e suficiente do Eu e da felicidade que apareciam como apogeu do ser. Pelo contrário, é a sua inversão"[67]. Levinas não fala de uma formação da vontade. No entanto, Susin, ao comentar essa concepção de vontade, acaba por conceber a possibilidade da educação da vontade.

Partindo do sentido levinasiano de vontade, educar a vontade consiste em ir além de sua interdição como fundamento do Eu e da perseverança em sua espontaneidade. Tampouco trata de aniquilá-la ou dominá-la para que o Eu seja sem poder e força. Em vista disso, educar a vontade não é uma imposição dela a si mesmo, mas um acontecimento que surge no encontro com o Rosto, em forma de um ordenamento para que se direcione ao

---

consiste na capacidade de se autodeterminar em virtude de um princípio ou ideia moral, ao modo de Kant.

67. LEVINAS, *En Découvrant L'Existence avec Husserl et Heidegger*, 176.

bem, para que acolha o Outro na responsabilidade. Não obstante isso, "a vontade é livre de assumir a responsabilidade no sentido que quiser, mas não tem a liberdade de rejeitar essa mesma responsabilidade, de ignorar o mundo palpável em que o rosto do Outro a introduziu"[68]. Quer dizer que o Eu pode negar-se a responder, mas não pode negar que há tal ordenamento. Por isso, o Eu, a despeito do seu não, não se pode defender do que lhe acomete por sua recusa[69].

Sendo assim, a inversão que a vontade passa pela acolhida do Outro e pela sua educação torna-a bondade. A vontade é bondade desde a responsabilidade em forma de comparecimento à convocação do rosto. Assim, em *Totalidade e Infinito*, o filósofo lituano fala da vontade em termos de ética. Desde a ética como responsabilidade, a vontade se desvencilha de seu espontâneo poder. A partir da bondade, o exercício da vontade importa mais com o bem do Outro do que com o próprio ser, pois conta mais a bondade ao Outro que a própria preocupação e ocupação pelo próprio ser. Em Levinas, a responsabilidade tem na bondade seu correlato.

6. A ética como responsabilidade pelo Rosto

O modo como Levinas aborda a significação da responsabilidade se afasta daquele presente na tradição filosófica do Ocidente, na medida em que rejeita a tese segundo

---

68. Idem, *Totalidade e Infinito*, 196.
69. A responsabilidade tal como concebe Levinas é vista como responsabilidade obsedante, que chega à condição de refém. Na quarta parte, ver-se-á como se dá tal condição.

a qual a responsabilidade decorre da liberdade. Nesse sentido, a responsabilidade não surge de uma boa vontade, de um Eu autônomo, que delibera livremente ser responsável pelo Outro humano.

Tradicionalmente, a responsabilidade decorre da liberdade. Isso significa que uma ação é livre na medida em que se responde por ela. Se o Eu é livre, cabe a ele assumir e responder pelas consequências dos próprios atos. Só assim o Eu é moralmente responsável pelo seu agir. O contrário disso, agir sem prever e mensurar as consequências, tampouco assumir ou responder pelo que se faz, significaria nulidade de responsabilidade. Não por acaso se chama de irresponsável quem procede de tal forma. A referência aqui é a liberdade de escolha como condição de possibilidade para que o Eu possa ser responsável. Nessa perspectiva, o Eu é livre *a priori* e só por isso pode ser responsável. Só assim, o Eu é capaz de responder perante si e aos Outros pelas deliberações manifestas em ações. Ao mesmo tempo, somente na medida em que é responsável o Eu pode ser livre. Então, a liberdade depende da responsabilidade para se legitimar. Dessa forma, o sentido ético da responsabilidade diz respeito à capacidade do Eu de se autodeterminar pelo exercício da própria liberdade, o que implica considerar, assumir e responder pelas consequências do próprio agir.

A perspectiva levinasiana se afasta dessa concepção de responsabilidade, afirmando, inicialmente, que o Eu diante do Outro é infinitamente responsável. Ora, responsabilidade não quer dizer compromisso ético com o Outro, advindo de uma boa vontade que delibera atendê-lo. Em *Ética e Infinito*, o filósofo lituano afirma que entende "a responsabilidade como responsabilidade pelo Outro, portanto, como responsabilidade por aquilo que não fui Eu que fiz, ou não me diz respeito; ou precisamente me diz respeito, é por mim abordado como Rosto"[70].

A partir dessa afirmação sobre a responsabilidade pelo Outro, faz-se necessário esclarecer que Levinas não pretende construir um código moral, tampouco prescrições ou normas a reger as ações do Eu que manifestariam o que é a responsabilidade. Responsabilidade é o Outro nome da ética. A respeito dessa consideração, Levinas afirma sobre seu labor filosófico que

> a minha tarefa não consiste em construir a ética; procuro apenas encontrar-lhe o sentido. Com efeito, não acredito que toda a filosofia deva ser programática. [...] Sem dúvida, pode construir-se uma ética em função do que acabo de dizer, mas não é propriamente este o meu tema[71].

Assim, ele concebe a ética como situação de encontro com o Rosto do Outro. Por isso, para ele, a concepção de ética como *ethos* significando hábito e segunda natureza é descartada.

A responsabilidade é resposta à interpelação que o Rosto exprime. Por isso, "ser responsável na bondade é ser responsável aquém ou fora da liberdade"[72]. Tal responsabilidade não é restringida pelas livres decisões da vontade, pois a precede. "A responsabilidade para com o próximo consiste precisamente no que vai além do legal e obriga

---

70. LEVINAS, *Ética e Infinito*, 87.
71. Ibidem, 82.
72. Idem, *Deus, a Morte e o Tempo*. Coimbra: Almedina, 2003b [1993], 192.

para além do contrato; ela me incumbe de aquém de minha liberdade"[73].

Trata-se de uma responsabilidade anterior à intencionalidade, em que o Eu responde a um ordenamento em forma de uma convocação. Isso quer dizer que a responsabilidade incumbe o Eu antes da liberdade, o que significa que o Eu se encontra na bondade antes de a escolher. Pois a responsabilidade é aquilo que o Eu humanamente não pode recusar. Pois o Eu é si mesmo na medida em que é responsável pelo Outro. Esse é o sentido da ética. Não se trata de o Eu se afirmar no ser, mas de estar concernido ao Outro, por aquilo que não criou, mas, ao mesmo tempo, lhe diz respeito, ou melhor, que lhe intima à responsabilidade.

A partir dessas considerações, podemos concluir que a responsabilidade também significa a ruptura com o ilacerável *"Il y a"* e, consequentemente, a saída do aprisionamento do Eu a si e do horror que isso traz em si, por meio do sufocamento por estar voltado a todo instante para si. Nesse sentido, "a responsabilidade liberta o Eu do aborrecimento, liberta-o da morna tautologia e da monotonia da essência, ou desembaraça-o do encadeamento em que o Eu o sufoca sob si mesmo"[74]. Ao mesmo tempo, é essa responsabilidade que justifica a liberdade, na medida em que o Eu se torna para o Outro, incumbido de atendê-lo desde que o olha. Dessa forma, Levinas mostra que a responsabilidade é o existencial primeiro do Eu, isto é, para

---

73. Idem, *De Deus que Vem à Ideia*. Petrópolis: Vozes, 2002a [1982], 105.
74. Ibidem, 195.

aquém e além do ser está a responsabilidade. Responsabilidade como obediência a um apelo que determina a própria liberdade.

Nessa perspectiva, a ética não é deduzida da ontologia, como se estivesse a serviço do desenvolvimento moral ou da felicidade do Mesmo, ou ainda, como expressão do cuidado consigo e com os Outros. Essa posição levinasiana contraria a perspectiva predominante no discurso ético ocidental, segundo a qual a ética decorre da ontologia, de um conhecimento do ser como sua expressão no agir. Esse modo de pensar se esclarece quando se considera que

> a ética se insere no quadro geral da atividade humana. Pensada como ciência da ação, ligada ao desafio de promover relações adequadas entre necessidades e potencialidade, a reflexão ética depende do conhecimento disponível. Depende de uma Gnosiologia (ou Teoria do Conhecimento) que lhe garante a possibilidade e capacidade do ato humano de conhecer. Admitido que o conhecimento, isto é, a posse dos dados seja possível, abre-se a necessidade de uma Ontologia, uma ciência do ser, que responda à questão: "o que pode ser conhecido"? Ora, o ser, aquilo que é, pode ser conhecido. A ação se desencadeia a partir dessa base, do conhecimento disponível sobre o ser. O agir, portanto, não tem como seguir o modo de ser, mas apenas o modo de conhecer o ser[75].

Pelo exposto se mostra que Levinas concebe uma passagem da espontaneidade do ser para o Eu responsável pelo Outro. Trata-se de uma responsabilidade que não é objeto de assunção consciente, intencional, pois não tem caráter cognitivo e não é um saber. Não obstante isso, o

---

75. SANTOS, Antonio Raimundo. *Ética. Caminhos da realização humana*. Aparecida: Ave Maria, 1997, 14.

filósofo lituano, subsidiado pela fenomenologia, pôde afirmar que a responsabilidade tem um sentido e é razoável, pois a fenomenologia contribuiu para se encontrar o sentido naquilo que não é da ordem do cognitivo. Por isso a responsabilidade não é da ordem da intencionalidade, como se, primeiramente, fosse necessário tomar consciência e ter uma representação dela ao modo de um visado.

Levinas evita o fato de que a responsabilidade seja transformável em um saber, numa teoria. Isso ele explica, de forma clara, na aula *O extraordinário da responsabilidade*, coligida no livro *Deus, a morte e o tempo*, quando diz que

> a investigação que aqui conduzimos é a de uma relação razoável sem ser fundada numa tal visada teórica. A relação ética não é desvelamento de um dado, mas exposição do Eu ao Outrem, prévia a toda e qualquer decisão (toda a decisão é decisão de um decidido, de uma conclusão)[76].

Quer dizer que há uma inversão aqui, pois o Mesmo é reivindicado pelo Outro, num movimento às avessas da intencionalidade.

A responsabilidade torna o Eu ético, num reviramento em que lhe incumbe tornar-se para o Outro, descentrando-se do ser para si. Isso mostra que a responsabilidade não é uma qualidade ética, tampouco um atributo do Eu. Em vista disso, o sentido do Eu encontra-se na responsabilidade. Por isso, pode-se referir à ética em Levinas como responsabilidade, uma vez que, na responsabilidade, decide-se o sentido do próprio humano. A essa incumbência

---

76. LEVINAS, *Deus, a Morte e o Tempo*, 203.

o Eu não pode se furtar, pois "a responsabilidade é o que exclusivamente me incumbe e que, humanamente, não posso recusar"[77]. O Eu é intimado a responder, sem refúgio, pois lhe incumbe uma responsabilidade ilimitada.

Para além da vontade, ver-se-á que isso significa uma eleição. Eleição que expressa numa responsabilidade infinita e que conduz Levinas a considerá-la em vista de uma exigência de substituição.

---

77. Idem, *Ética e Infinito*, 93.

Capítulo 3

O infinito da responsabilidade leva à substituição

> A substituição a outrem quer dizer: no extremo refúgio de mim mesmo, não sentir inocente inclusive do mal que outrem me faz. Irei bem mais longe. "Extremo refúgio" não é uma fórmula suficiente. Pode fazer crer que o Eu tem uma cápsula. Para explicar a noção de substituição é mister que diga mais, que use hipérboles: a individuação de mim, aquilo pelo qual o Eu não é simplesmente um ser idêntico, uma substância qualquer, mas aquilo pelo qual ele é ipseidade, aquilo pelo qual ele é único, sem extrair sua unicidade de nenhuma qualidade exclusiva, é o fato de ser designado ou assignado ou eleito para se substituir sem poder se esquivar. Por esta assignação indesviável, do "Eu" em geral, do conceito se arranca aquele que responde na primeira pessoa – Eu, ou diretamente no acusativo: "eis-me aqui"[1].

A abordagem de *Totalidade e Infinito* mostrou que Levinas apresenta o Eu numa situação ética, em que é ordenado à responsabilidade infinita pelo rosto do Outro. Situação de interrupção da perseverança a si, do movimento egolátrico do Eu em ser para si, tornando-se o Mesmo. Trata-se, então, da busca do além do ser,

---

1. Levinas, *Deus, a Morte e o Tempo*, 130.

saída do movimento do *conatus essendi*, já apontado em *Da Evasão*.

A responsabilidade é o lugar da saída do ser entendido como movimento do Eu voltado a ser para si. Lugar de saída que conduz à radicalidade do que Levinas chama de substituição do Eu pelo Outro, ou de outro modo, o acontecimento do Outro no Mesmo. Ao mesmo tempo, a ruptura que a responsabilidade traz, a ponto de levar à substituição, significa a constituição da unicidade do Eu numa situação em que, diante do Outro, não mais usurpa o seu lugar. Mas, então, é rompida com um dizer ético original: "eis-me aqui". Isso será visto a partir da análise de *Outramente Que Ser, além da Essência*[2]. Trata-se, então, de mostrar como Levinas aborda a substituição nesta obra e como essa noção significa romper com a alergia do Outro, bem como saída do mal de ser.

1. O Outro no mesmo: o desinteressamento

Levinas não se desvencilha do ser, por isso sua procura constante em dizer a evasão do ser. Em *Outramente que Ser*, o ser é dito com o sentido de essência[3]. A essência diz da persistência do Eu ao ser, esforço por ser, por isso "a

---

2. Usamos o neologismo *Outramente* para traduzir o *Autrement*, seguindo a escolha feita pelos tradutores do livro homônimo de Paul Ricoeur, em que analisa e apresenta uma síntese crítica sobre a obra levinasiana. Cf. RICOEUR, Paul. *Outramente*. Petrópolis: Vozes, 1999.

3. Levinas não entende essência com o sentido de *quidditas*, mas como processo ou evento do ser no sentido heideggeriano. Para indicar tal processo, ele recorre a expressões sugestivas: o drama da essência, o jogo do ser, o curso, o desenrolar, o debulhar do ser ou da essência (Cf. BUCKS, *A Bíblia e a ética*, 123).

essência se exercita como invencível persistência na essência que preenche todo intervalo de nada que viria a interromper o seu exercício. A essência é interessamento"[4]. Tal persistência do ser em ser é exercida de maneira positiva como *conatus* dos entes.

No primeiro capítulo, foi mostrado que o *conatus essendi* remonta a Espinosa, para quem um ente, na medida em que pode, esforça-se na perseverança em seu ser. No entanto, Levinas o associou também a Heidegger, cujo sentido é a existência que existe tratando da própria existência. Esse conceito afirma a primazia da irrenunciável tarefa de ser, tarefa essencial e o sentido do dinamismo que anima os entes a serem. Trata-se do *conatus* como a própria existência, o modo de ser do *Dasein*. Em vista disso, Levinas diz que

> a fórmula "o *Dasein* é um ser para quem no seu ser tem lugar o seu próprio ser" era sedutora em *Sein und Zeit*, onde ela significava o *conatus*. Mas o *conatus* é, na realidade, deduzido do grau de adstrição ao ser deste ente. Não há aqui existencialismo. Aqui, o homem é interessante porque foi adstrito ao ser – e a sua adstrição ao ser é o seu questionamento. O *conatus* mede a obediência ao ser, a integralidade deste ser ao serviço do ser que está ao encargo do homem (*Carta sobre o Humanismo*). O interesse do ser é a tal ponto seu que o significado deste ser é seu interesse[5].

Levinas estabelece uma relação direta entre a persistência dessa afirmação do próprio ser, acima de qualquer outra preocupação, e o egoísmo. Mostra-se que o destino

---

4. Levinas, *De Otro Modo Que Ser*, 46.
5. Idem, *Deus, a Morte e o Tempo*, 50.

do ser é o egoísmo, a ponto de considerar que do encontro dos egoísmos, interessados em si, resulta a guerra[6], ou seja, "o interesse do ser se dramatiza nos egoísmos que lutam uns contra os Outros, todos contra todos, na multiplicidade de egoísmos alérgicos que estão em guerra uns com os Outros e, ao mesmo tempo, em conjunto. A guerra é o gesto ou o drama do interesse da essência"[7].

Levinas associa a essência ao mal. Então, falar de um além de essência significa a busca por romper as amarras do ser e, logicamente, sair do mal de ser. Ora, foi visto que a saída se dá já na hipóstase e tem na responsabilidade pelo Rosto um evento de ruptura com o ser e encontro com a bondade. Nesse sentido, se ser é interesse, ser para si, o movimento de ruptura com o ser será contrário, ser para o Outro. Portanto, desinteresse, ou seja, além do ser na responsabilidade como um dizer da bondade. Trata-se de um desinteresse de cunho ético. Em Levinas, isso significa que o Eu é inchado em si, num excesso de ser e, por isso, no mal de ser.

O desinteresse consiste na não indiferença ou alergia com relação ao rosto. Trata-se da ruptura e destituição da persistência ao ser e, portanto, da egoidade do Eu. O desinteresse significa para o Eu que a responsabilidade é o esvaziamento de si e do excesso do ser pela exposição ao apelo do rosto do Outro. No desinteresse, o Eu é arrancado

---

6. Novamente aparece a guerra vinculada ao ser. A guerra e a violência são o próprio drama do ser. *Outramente que Ser* é dedicado à memória dos parentes próximos, mortos entre os mais de 6 milhões de judeus assassinados pelo nacional-socialismo, ao lado de milhares de outros seres humanos, vítimas *do mesmo ódio do Outro*.

7. LEVINAS, *De Otro Modo Que Ser*, 46.

da essência do ser como interessamento por si, que resultará no Eu coincidindo consigo como Mesmo, desfazendo a condição ontológica. Pois, para Levinas[8], "o desinteressamento significa concretamente que a condição ontológica se desfaz ou é desfeita na condição ou na incondição humana". Incondição, porque se trata do esvaziamento do próprio ser em vista da responsabilidade da qual o Eu é incumbido. Assim, o Eu é para o Outro e "nisso reside seu desinteressamento"[9].

Ao relacionar o desinteresse à responsabilidade, Levinas demonstra o que procurava, o outramente que ser, ou, como está na tradução portuguesa de *Deus, a morte e o tempo*, o diferentemente do ser. Isso se justifica pela noção de ser compreendida como interessamento pelo próprio ser, com todas as modalidades que dela advém, como a fruição e a posse. Na responsabilidade, dá-se o desinteressamento, num reviramento em que o Eu não se afirma no ser, mas sim, depõe-se, uma vez que é para o Outro. Assim, trata-se de um Eu que

> se desprende do ser, se esvazia do seu ser, e que se vira do avesso: que é *outramente que ser* (*autrement qu'être*). Outramente que ser é, desinteressado, transportar a miséria do Outro, e isso até a responsabilidade que o Outro pode ter por mim[10].

Nesse início de abordagem da busca levinasiana pelo outramente que ser, mostra-se um deslocamento no sentido do Eu. Em *Totalidade e Infinito*, tratava-se de um

---

8. Idem, *Ética e Infinito*, 90.
9. Idem, *Deus, a Morte e o Tempo*, 190.
10. Ibidem, 190.

Eu idêntico, num egoísmo espontâneo de ser para si na fruição dos conteúdos do mundo, na posse em sua morada do que conquista pelo trabalho e no conhecimento que lhe expande as condições de possibilidade de dilatar seu ser. O deslocamento se dá em *outramente que ser*, em que o Eu é concebido já alterado em si Mesmo, sendo, portanto, o Outro no Mesmo. O Eu passa, assim, de sua proteção na morada à expulsão de si até a radicalidade da substituição.

Esse reverso da ontologia, ao qual a responsabilidade coloca o Eu, chega à substituição e se mostra na noção de proximidade, já esboçada pelo filósofo lituano no texto *Linguagem e Proximidade*, reunido na obra *Descobrindo a existência com Husserl e Heidegger*.

2. Responsabilidade e proximidade

A partir desse deslocamento, percebe-se que Levinas não concebe um Eu primeiramente identificado a si, e que se abriria ao Outro, como se a ética dependesse de sua liberdade e poder de agir. Trata-se de um Eu que, antes mesmo de repousar em si, já se encontra numa situação de convocação à responsabilidade. Sua posição é a deposição de si, que o constitui para o Outro. Esse sentido do Eu remete à noção de proximidade, tão presente nos escritos levinasianos.

Ao se lançar na abordagem do sentido da proximidade, cabe ressaltar que não se trata de um suceder de etapas da situação ética, mas de níveis da relação de responsabilidade pelo rosto do Outro. Trata-se, assim, de mostrar que a proximidade está no limite da linguagem, em que o filósofo tenta dizer a relação responsiva, cujo esforço extremo será visto como substituição.

2.1. A proximidade como não indiferença

O terceiro capítulo de *Outramente que Ser* trata da proximidade concebida como a impossibilidade de permanecer indiferente diante do rosto que interpela à responsabilidade. Por isso, é passível de questionamento se a proximidade não seria uma certa medida entre dois pontos, cuja contiguidade e coincidência assinalariam um limite. Ver-se-á sua resposta como negativa ao questionamento. Diante disso, o sentido do próximo não é o usual, como aquele que está perto ou mesmo de quem se acerca, ou seja,

> a proximidade não se resolve na consciência que um ser adquire do Outro ser ao qual estima próximo enquanto este ser se encontrasse a sua vista ou ao seu alcance, ou enquanto lhe fosse possível captá-lo, possuí-lo ou entreter-se com ele na reciprocidade do aperto de mãos, da carícia, da luta, da colaboração, do comércio ou da conversa[11].

Diferente da concepção usual, a proximidade, em Levinas, está relacionada com a responsabilidade, a ponto de o próximo ser concebido como aquele a quem o Eu é apelado a responder, ou ainda, aquele a quem o Eu se aproxima quando responde à convocação. Nesse sentido, quando o Eu se aproxima do Outro, não o tem simplesmente sob a visão ou mesmo ao alcance do seu tato, a exemplo de uma amostra disponível. O significado da proximidade consiste numa resposta não indiferente a um apelo irrecusável.

---

11. Idem, *De Otro Modo Que Ser*, 143.

A distância entre o Eu e o Outro não decide o que seja a proximidade, pois antes de tudo, o Outro, como próximo, concerne ao Eu num mandato cuja determinação o desinstala, a tal ponto de não poder sequer ponderar ou questionar a sua validade. Isso porque "o próximo me concerne antes de toda assunção, antes de todo compromisso consentido ou recusado"[12]. Essa concernência do próximo ao Eu não se radica por ambos serem parte do gênero humano, senão porque o Outro é Outro, alteridade. Nesse sentido, o mandato de responsabilidade significa ao Eu aproximar-se ao Outro, ao Rosto ao qual se está a serviço e em atraso, sem possibilidade de ser sanado.

Por isso, trata-se da responsabilidade cuja significação implica um ordenamento de aproximação. Em vista disso, entende-se a afirmação levinasiana, segundo a qual "na proximidade se escuta um mandamento que procede de algo como um passado imemorial, um passado que não tem começo em nenhuma liberdade, este modo do próximo é o Rosto"[13]. Ora, trata-se da responsabilidade irrecusável, anterior ao consentimento da liberdade, a um pacto ou contrato.

Levinas se esforça em dizer a proximidade em sua dinâmica de aproximação, a qual jamais termina de se cumprir. Por isso, o filósofo lituano é capaz de afirmar que, quanto mais o Eu se aproxima do Outro, mais distante está, isto é, em atraso se encontra. Assim que "quanto mais respondo, mais responsável sou; quanto mais me aproximo

---

12. Ibidem, 148.
13. Ibidem, 150.

ao próximo, cuja carga tenho, mais distante estou"[14]. Não se trata de um débito nunca quitado, que deve ser interpretado desde o Eu, como se correspondesse a um déficit ético de impossível e impraticável pagamento. A interpretação está relacionada à assimetria da relação ética, segundo a qual há uma distância infinita entre as exigências do Outro e as responsabilidades do Eu. Nesse sentido, quando se afirma que o Eu nunca se aproxima suficientemente do Outro, não quer dizer que este seja inatingível ou inalcançável, senão que o Eu jamais responde ao ordenamento à responsabilidade.

O filósofo lituano concebe essa responsabilidade pelo Outro como obsessão, uma vez que é sem começo, sem culpa, sem mérito e mesmo sem condições de repouso e retorno a si. Isso significa que o Eu se encontra numa situação em que está obcecado pelo Outro. Consiste, portanto, em ingressar numa responsabilidade ilimitada, para a qual se está votado.

2.2. A responsabilidade na aproximação é obsessão pelo Outro

A obsessão diz respeito à explicitação do sentido ético da responsabilidade do Eu para com o Outro. Ao mesmo tempo, mostra a irreciprocidade e a desmedida que são próprias à situação ética. Esse sentido revela que a responsabilidade é, também, passividade. Passividade porque a obsessão pelo Outro é uma aproximação desde um envio como resposta a um chamado. Chamado como

---

14. Ibidem, 157.

um ordenamento que não nasce do Eu e, tampouco, é de sua livre iniciativa e ao qual não pode assumir de modo adequado. Por estar para além do poder de resposta do Eu, o Outro o obceca, isto é, o Eu é obsessionado. Ademais, a obsessão é a impossibilidade de inquietar-se diante do Rosto. Daí se segue que a obsessão significa a não indiferença pela alteridade do Rosto, uma vez que nunca cessa a interpelação.

A obsessão pelo Rosto destaca a dimensão da irreciprocidade da responsabilidade. O Eu tem sempre uma incumbência a mais. Dessa afirmação decorre a consideração levinasiana sobre a infinita responsabilidade. Isso quer dizer que o Eu é responsável pela liberdade do Outro, o que inclui os seus erros e até mesmo a sua responsabilidade. Trata-se, portanto, de uma responsabilidade universal e singular, pois diz respeito a todos e a cada um. Mas é, também, uma responsabilidade sem teleologia e, também, sem causa e razão. Na responsabilidade, a indiferença ao Outro é inadmissível, uma vez que, na proximidade, o Outro acarreta uma inquietação que obsessiona o Eu. Tal situação é vivida como o Outro no Mesmo.

De acordo com Nilo Ribeiro, o termo obsessão é utilizado no contexto da psicologia clínica ao se referir a uma patologia do psiquismo. O uso levinasiano desse termo está referido à noção de afecção do Mesmo pelo Outro. A afecção recebe o significado de patologia, pois acomete a consciência do Eu. Assim, a proximidade na responsabilidade tem uma dimensão perturbadora e, num certo sentido, chega a adoecer e contaminar a consciência do Mesmo.

Fica evidente a influência de Husserl quando Levinas introduz a noção de obsessão. Na fenomenologia husserliana, a consciência é sempre "consciência de", capaz de doar sentido à realidade. No entanto, a proximidade não implica e tampouco significa uma tomada de consciência, como se fosse assunção da presença do Outro. Pelo contrário, a proximidade é um estralo na consciência instalada em si, confortável em relações simétricas com os fenômenos que integram o mundo. Nesse sentido, "a obsessão não é consciência, nem uma espécie de consciência, tampouco uma modalidade da consciência, ainda que jogue por terra a consciência que tende a assumi-la; algo que, como a perseguição, resulta numa impossibilidade de ser assumida"[15]. Essa aproximação obsedante não é circunscrita à intencionalidade da consciência. Assim, o Outro escapa ao aprisionamento visado pela tomada de consciência. Isso se deve ao fato de que o Outro é Rosto e, como tal, desborda a consciência, pois não é um fenômeno.

Dessa forma, o Outro traz uma inquietação para o Eu, ao convocá-lo para desinteressar-se por si na obsessão que o acomete na responsabilidade. Em vista disso, a "obsessão assume o significado daquilo que não pode ser explicado ou assimilado pelo saber"[16]. Se assim o fosse, seria subsumida na consciência e tornada o Mesmo. Diante disso, a obsessão implica que o Eu não escapa da intriga da situação ética, pois não pode nem mesmo se eximir da presença do Rosto, já que o "Outro toca o Eu de uma só vez e num só golpe"[17]. Trata-se de um golpe como um impacto, o que impede uma previsão capaz de resultar na

---

15. Ibidem, 149.
16. RIBEIRO, *Sabedoria de Amar*, 355.
17. LEVINAS, *De Otro Modo Que Ser*, 150.

elaboração de uma resposta. Tampouco esse impacto pode ser conhecido. Aqui se mostra a noção levinasiana de liberdade e vontade, uma vez que, na obsedante proximidade, é-se interrompido o acolhimento advindo da liberdade e que objetiva suscitar a vontade. Como é possível que a afecção do Rosto em sua obsedante proximidade possa anteceder a vontade?

Esse questionamento mostra que o filosofar levinasiano precisou lidar com a noção de tempo distinta da sincronia, uma vez que também rompeu com os esquemas lógicos tradicionais de conhecimento advindos da consciência. Nesse sentido, o tempo está relacionado à afecção do Outro e sua anterioridade à vontade. Assim, é possível entender que "o golpe da afecção causa um impacto traumático num passado mais profundo que Eu sou capaz de reunir pela memória, pela historiografia e pelo domínio, pelo *a priori*, num tempo antes do começo"[18]. A partir dessa afirmativa, mostra-se uma temporalidade compreendida como anterioridade, ao modo de Outramente, capaz de romper com os sistemas convencionais de temporalidade.

É uma temporalidade diacrônica, não sofrendo a síntese de consciência. Concomitantemente, trata-se de uma temporalidade diversa daquela da consciência intencional. Como a obsessão significa que o Eu é afeccionado na responsabilidade pela proximidade do Outro, isso quer dizer que o Eu é interpelado por um passado impossível de ser associado em si na consciência. Ora, esse passado que

---

18. Ibidem.

afecciona está relacionado à noção levinasiana de Rosto, uma vez que "o rosto do próximo significa uma responsabilidade irrecusável que precede todo consentimento livre, todo pacto, todo contrato"[19]. Essa responsabilidade irrecusável é vista na proximidade como obsessão.

A obsessão confirma a possibilidade de uma relação não alérgica entre o Eu e Outro. Por ela mostra-se a irrupção do Outro, vindo ao Eu antes que ele tenha consciência de sua aproximação. Essa irrupção revela o atraso do Eu, assim como sua exposição ao que Levinas chama de assignação do Outro. Em vista disso, a obsedante proximidade realiza a interrupção da essência do ser, ou do *conatus*. Isso porque a obsessão arranca o Eu de sua indiferença ao Outro e o coloca assignado na proximidade.

Assignado na obsessão responsiva

A proximidade revela que a responsabilidade é também obsessão. Tal obsessão revela que o Eu é assignado pelo Outro e mais, acusado e até perseguido, antes ainda de receber seu apelo ou mesmo sequer recusá-lo, não obstante não poder permanecer indiferente na surdez do apelo do Rosto. Em *Outramente*, as noções de assignado, acusado e perseguido são empregadas em vários momentos, ressaltando, assim, que a iniciativa de responder ao Outro, bem como a recusa em forma de esquivar-se ao seu apelo não estão ao poder do Eu.

Convém esclarecer o sentido da noção de assignação, empregado por Levinas para designar o comparecimento

---

19. Ibidem.

do Eu para responder ao apelo do Outro, para além de qualquer iniciativa da vontade em decidir ou não por responder. A noção de assignação, em seu significado jurídico, indica a convocatória ou, ainda, a citação de uma pessoa para comparecer a um tribunal, a fim de responder a uma ação que lhe é proposta. A assignação significa o Eu no acusativo, uma vez que o Outro lhe ordena antes mesmo de ser reconhecido, isto é, antes de irromper. Estar no acusativo é encontrar-se votado a responder. Nesse sentido, a assignação relaciona-se com a fraternidade e comunidade, que só é possível pela responsabilidade, pois, conforme Levinas, "a comunidade com o Outro começa em minha obrigação para com ele. O próximo é irmão. Fraternidade que não pode ser rompida, assignação irrecusável, a proximidade é uma impossibilidade de distanciar-se sem a torção do complexo, sem alienação ou sem falta"[20].

Essa relação entre assignação, fraternidade e comunidade mostram que a fraternidade humana se decide na proximidade, enquanto nesta acontece a situação ética de responsabilidade no face-a-face. Em vista disso, antes de qualquer parentesco familiar contraído por herança biológica ou pelo contexto social ou cultural, antes de qualquer vínculo e pertencimento a família, raça, classe ou nação, o Eu é irmão do próximo, porque e enquanto responde por ele. Essa fraternidade subsiste ainda que os elos fossem rompidos. Isso porque, na perspectiva levinasiana, a presença do estrangeiro, do fora dos horizontes do Eu e de sua identidade, constitui-se num dos aspectos mais significativos que interpelam o Eu à responsabilidade.

---

20. Ibidem, 148.

O ético, enquanto responsabilidade, define a fraternidade, assim como a comunidade humana. Nessa perspectiva, ao contrário do que se concebe habitualmente, não há nada em comum entre o Eu e o Outro que garanta a fraternidade. Daí se segue que o irmão não é aquele que o Eu reconhece, pelo menos, com um traço de sua identidade. O irmão é aquele que insta a responder ao seu apelo. Nesse sentido, a proximidade entre o Eu e o Outro não se dá na intimidade e na cumplicidade de uma história com segredos comuns, senão na responsabilidade. Não é fraternidade entre iguais, ciosa de si e fechada aos Outros. Pelo contrário, é fraternidade como obsessão pela diferença do Outro, estendendo-se à comunidade de justiça com toda a comunidade humana.

Desse modo, evidencia-se que, desde a assignação, Levinas entende que o Eu é marcado pelo Outro, num acusativo que o expõe e suspende o jogo do *conatus*. Assignado ao Outro, sem poder participar ou deliberar pela aceitação ou rejeição dessa condição, o Eu encontra-se na bondade, como suspensão do horror de ser para si. Ao mesmo tempo, essa obsessão em que se está assignado ao Outro revela que o Eu é refém.

3. Refém do Outro

Levinas utiliza a metáfora do Eu como refém para aprofundar o significado da obsessão responsiva na proximidade. Esse aprofundamento é um passo na busca em mostrar como se dá a resposta do Eu ao apelo do Outro. A proximidade, como foi vista, é vivida como desinteressamento incessante do Eu pelo seu próprio ser. Na situação de exposição ao Outro na proximidade, mostra-se que o Eu está ordenado à bondade, enquanto responde à interpelação.

Nesse sentido, "o bem se faz proximidade na epifania do rosto, me ordenando à responsabilidade antes que o Eu tenha querido ou decidido"[21]. Tal ordenamento ao Rosto significa que "a responsabilidade para com o Outro, responsabilidade ilimitada que não está medida pela rigorosa compatibilidade do livre e do não livre, coloca Eu como refém"[22]. Essa situação, em que o Eu se torna refém do Outro, não implica que seja seu prisioneiro. Isso não se constitui em aprisionamento, pois se trata da aproximação do Outro na proximidade. Significa o esvaziamento do Eu de seu próprio ser, desembocando na compreensão da ética como responsabilidade pelo rosto, identificada com a substituição ao Outro. A noção de refém é uma explicitação do sentido do desinteressamento do Eu pelo seu ser. Não se definindo pela identidade que o constituiria como Mesmo, o Eu é si mesmo enquanto responsável pelo Outro até a condição de refém. Assim, "nós não estamos no mundo livres diante dos Outros, sendo simplesmente suas testemunhas. Nós somos seus reféns. Noção pela qual, para além da liberdade, o Eu se define"[23]. Por essa condição, o Eu está pré-originariamente ordenado ao Outro como responsabilidade, e isso constitui e define a sua subjetividade. Desse modo, ser si mesmo significa que pela responsabilidade se é refém do Outro.

---

21. Ribeiro Jr., Nilo. *Sabedoria da Paz. Ética e Teo-lógica em Emmanuel Levinas*. São Paulo: Loyola, 2008a, 82.

22. Levinas, *De Otro Modo Que Ser*, 196.

23. Susin, *O homem Messiânico*, 382.

A afirmação da condição de refém não significa, no pensamento levinasiano, a apologia de um servilismo, de uma subjugação ou escravidão ao Outro. Nem mesmo a impossibilidade da ipseidade do Eu. Pelo contrário, tal condição é que possibilita ao Eu ser si mesmo e se constituir pela responsabilidade como bondade. Diz Levinas, "ser si mesmo – condição de refém – é ter sempre um grau de responsabilidade superior"[24]. Por conta desta condição de refém, de acordo com o autor, é possível haver no mundo solidariedade, fraternidade, bem como o gesto gentil de um simples "o senhor primeiro" diante de uma porta. Dessa forma, "a subordinação não é servidão, ao contrário, é apelo ao homem"[25]. Esse apelo é uma ordem que conduz o Eu ao Outro, pois o vota num mandamento para assumir misérias e fardos que não são seus.

Nesse sentido, incide sobre o Eu uma sobrecarga que o torna responsável pela responsabilidade do Outro, ou seja, "sou responsável de uma responsabilidade total, que responde por todos os Outros e por tudo o que é dos Outros, mesmo pela sua responsabilidade. O Eu tem sempre uma responsabilidade a mais do que todos os Outros"[26]. Trata-se de uma condição capaz de acarretar uma subversão na própria consciência do Eu a si, uma vez que se encontra provocado pelo Outro numa inquietação incessante.

A condição de refém consiste num movimento que, dito ao modo metafórico, conduz o Eu ao não lugar da

---

24. Levinas, *De Otro Modo Que Ser*, 187.
25. Idem, *Entre Nós: Ensaios Sobre a Alteridade*, 152.
26. Idem, *Ética e Infinito*, 91.

identidade. Nele, o Eu é plenamente responsabilidade, não tendo sua identidade decidida pela liberdade, uma vez que não é origem de si e tampouco delibera por responder ou não à interpelação desde o Rosto do Outro. Assim, encontra-se despertado da insônia, do horror do "*Il y a*" e responde ao Outro, passando a se encontrar na bondade, conforme Levinas. Em vista disso, a noção de refém aponta para uma concepção de ética não conforme a deontologia, ou a teleologia. Dessa forma,

> o Eu como o famoso sujeito repousando em si é desarmado por outrem, por uma exigência ou por uma acusação sem palavras, e à qual não pode responder com palavras e tampouco pode recusar a responsabilidade. A posição do sujeito é sua deposição. Ser Eu não é perseverança no seu ser, mas substituição de refém [...] Por isso, o Eu é em primeiro lugar substituição[27].

A ética se define na responsabilidade a ponto de o filósofo lituano considerar que essa responsabilidade se dá numa situação ética, no encontro face a face, cujo sentido último é a substituição.

4. A substituição, o Outro no Mesmo

Levinas articulou *Outramente que Ser* em torno do seu quarto capítulo, cujo assunto é a substituição. Voltaremos a esse texto para entender a significação pretendida por ele, ao considerar que a substituição é o excesso da responsabilidade.

Inicialmente, cabe considerar que, quando Levinas diz a ética em termos de responsabilidade, indo ao excesso

---

27. Idem, *Deus, a Morte e o Tempo*, 197.

da substituição, ele se separa da tradição filosófica amparada pela ontologia. Isso consiste em romper com a afirmação de adequação entre o Eu e o seu próprio ser mediante o processo de identificação, quando ele torna-se Mesmo.

A substituição é dita em termos de o Outro no Mesmo. Ora, isso quer dizer que o filósofo lituano empreende uma reviravolta no discurso filosófico, uma vez que apresenta o Eu não mais em termos de sujeito autônomo, soberano em sua liberdade, que totaliza todo o Outro a si. O Eu é deposição, num desinteresse pelo próprio ser em virtude da incumbência de responsabilidade que pesa sobre si, sem que tenha ou não desejado ou, também, que possa ou não aceitar. É isso que torna possível entender que a substituição constitui o Eu como tal e não sua posição no ser mediante a identificação.

Ao comentar a noção levinasiana de substituição, André Brayner de Farias mostra que o discurso levinasiano sobre a substituição diverge daquele discurso corrente da ética, que parte da consideração do Eu identificado a si na coincidência no ser. Em vista disso, ele afirma que

> provavelmente o tema levinasiano da substituição seja o mais heterodoxo em relação ao discurso normal, que não consegue compreender antes de identificar, quando identificar significa coincidir no ser. Talvez por isso mesmo a substituição seja o tema filosófico por excelência[28].

Ao tratar da substituição, é possível identificar a recorrência da busca da evasão do ser. Já na responsabilidade, exibiu-se a situação de obsessão a que o Eu está votado,

---

28. FARIAS, André Brayner de. A anarquia imemorial do mundo – Levinas e a ética da substituição. *Veritas* (Porto Alegre), v. 53, n. 2, 30 ago. 2008, 22.

pois esta incumbência não está ao seu alcance. O apelo do Rosto do Outro, como um mandamento de responsabilidade, mostra que o Outro é uma perseguição, uma provação cujo desenrolar é a evasão e o não retorno a si. Mas tal exílio não consiste em alienação, não obstante o desinteresse pelo próprio ser.

4.1. A responsabilidade chega à substituição

Em *Outramente que Ser*, a responsabilidade pelo Rosto chega à substituição[29]. A responsabilidade consiste na interrupção do *conatus essendi*, do ser para si, na medida em que o Eu, ao responder ao apelo do Outro, revela o desinteressamento do ser. É em relação a esse desinteresse pela essência do próprio ser que o filósofo lituano identificou a noção da substituição. A relação com o Outro tem a característica de não ser natural, ao modo de algo inato, tampouco ser voluntária ou mesmo uma deliberação da consciência. Nesse sentido, a consciência, tão cara à fenomenologia, é secundada em Levinas, quando ele trata da relação com o rosto por meio da responsabilidade e, consequentemente, a substituição como seu sentido último.

Para a tradição filosófica do Ocidente, o Eu é *arché*, princípio, o que consiste em subsumir a si a totalidade na consciência. Em contrapartida, Levinas parte da proximidade, da obsessão responsiva ao Outro para descrever o Eu como irredutível à consciência, ou mesmo à tematização ou representação. O Eu levinasiano não é um Eu transcendental, uma consciência, ou *cogito*. O motivo de haver uma

---

29. LEVINAS, *De otro modo que ser*, 180.

oposição levinasiana à concepção da tradição se mostra na elaboração da substituição, quando ele apresenta o Eu constituído no "para Outro da condição de refém", a qual é o significado da obsessão responsiva que o incumbe[30].

O Eu é exposição ao Outro, numa proximidade que sempre mais lhe revela a irrecusável responsabilidade que não advém da "consciência de", que revelaria uma culpa ao Eu, senão como impossibilidade do abandono e de indiferença à aproximação do Rosto e sua interpelação. Em uma passagem contida em *De Deus que vem à ideia*, Levinas apresenta sinteticamente a articulação em torno da substituição desenvolvida em *Outramente*.

Três noções devem ser retidas. Inicialmente a proximidade. Eu procuro defini-la diferentemente de um espaço reduzido que separaria os termos que se dizem próximos. Procuro passar da proximidade espacial à ideia de responsabilidade pelo Outro que é uma intriga muito mais complexa que o simples fato de dizer tu, ou de pronunciar um nome. E Eu procurei, olhando por detrás ou na responsabilidade, formular a noção, muito estranha para a filosofia, de substituição, como sentido último da responsabilidade. Não é o aparecer que será aqui o último evento, se bem que, na filosofia fenomenológica, o último evento deve aparecer. Aqui, sob a modalidade

---

30. Para melhor esclarecer o que foi dito, recorremos a Bucks, quando afirma que "talvez o Eu não seja idêntico à autoconsciência à qual chega pelo desvio da consciência do não Eu. Levinas questiona a tese do idealismo alemão segundo a qual a consciência seria um retorno a si mesmo por meio do Outro. Ele se pergunta se não é preciso que por trás de todos os setores desse movimento bata o coração e o pulso do Eu, que não seja por seu turno resultado desse movimento. O Eu pode por meio da autoconsciência voltar a si mesmo, mas, quando se encontra, o si do si mesmo, já existe" (Bucks, *A Bíblia e a Ética*, 129).

ética, é pensada uma categoria diferente do saber. A tarefa principal subjacente a todos esses esforços consiste em pensar o Outro-no-mesmo sem pensar o Outro como um Outro mesmo[31].

Ao afirmar que a substituição é o sentido último da responsabilidade, é imprescindível explicitar e esclarecer o seu significado. Um primeiro esclarecimento é que a ética como responsabilidade prescinde da busca por uma fundamentação. Isso se explica pela consideração de que a ética diz respeito ao esvaziamento, ou ao desinteressamento pelo ser. Nesse sentido, não coincide com a identidade ou o *conatus essendi*. Daí se depreende não haver espaço para se pensar uma fundamentação da responsabilidade no Outro, como se fosse um contraponto ou uma oposição à liberdade fundamentada no ser. Posto isso, contesta-se a objeção à Levinas, segundo a qual ele realizaria somente uma inversão de fundamento. Ora, se fosse assim, não haveria a realização da evasão para *além da essência*.

Em vista disso, Levinas empreende um esforço em dizer a ética de outro modo que o tradicional. Por isso chega à noção de substituição. Com o desvelamento da substituição como sentido último da responsabilidade, há uma mudança semântica da própria palavra ética. Isso porque, na própria substituição, entendida como evento de deposição do interesse pelo próprio ser, emerge o significado da ética como responsabilidade.

Ética é um acontecimento, uma situação de proximidade, na qual a responsabilidade obsedante pelo Rosto do Outro é a própria linguagem ética, ou, como afirma o

---

31. Levinas, *De Deus que vem à ideia*, 143.

próprio filósofo lituano, é o *outramente que ser*. É para o sentido de deposição do ser, até a condição de refém, em que a identidade do retorno a si é superada, que reside o significado da substituição. Para mostrar como ele entende essa relação em que o "Eu se encontra para o Outro sem retorno a si na identidade", recorre à palavra *"substituição"*.

> Esta substituição não é transubstanciação; não se trata de entrar numa outra substância e de nela nos posicionarmos. A substituição permanece relação com outrem, e como tal permanece em descontinuidade, na diacronia, sem coincidência. A substituição não é um resultado, e não significa um estado vivido; é assim como que um processo às avessas da *essência* que, ela, se põe; a substituição, onde a responsabilidade não cessa, permanece então outramente que ser (*autrement qu'être*)[32].

O que essas afirmações significam? O autor lituano demonstra uma passagem das categorias ontológicas para terminologia de cunho ético, pois mostra que, pela substituição, dá-se uma abertura no Eu, pois ele se liberta da identificação a si e, desse modo, ultrapassa a Essência do ser. Trata-se, como diz Marcelo Fabri, da superação da Essência, uma vez que o Eu é expulso da identidade, porque é si mesmo como Outro no mesmo[33]. O Eu, na medida em que é responsabilidade pelo Rosto, evade da ontologia. Nesse sentido, a substituição é o *outramente que ser*, ou, como era dito nos primeiros escritos levinasianos, é a substituição que torna possível a evasão do ser. Não se trata de ser de Outro modo, ou ser diferente. É necessário excender ao diferente que ser.

---

32. Idem, *Deus, a Morte e o Tempo*, 203.
33. Cf. FABRI, *Desencantando a Ontologia*, 162.

Essa perspectiva levinasiana se opõe à compreensão de Eu presente na tradição filosófica. Segundo a tradição, culminando em Hegel, mas ainda presente em Heidegger, o Eu se identifica como consciência e consciência de si, repousando na coincidência consigo pela identificação. O Eu se apresenta como afirmação de si representada pela totalização, redução de todo Outro a si. Desse modo, o Eu está identificado como consciência autônoma.

Em contrapartida, Levinas considera que o Eu não se reduz à consciência. Ele o apresenta como abertura ao Outro, numa exposição que o obriga à responsabilidade e, por conseguinte, a ir até a radicalidade da substituição. Nesse sentido, o Eu não passa a ser concebido desde a imposição de si, mas pela deposição, uma vez que está subordinado ao apelo vindo do Rosto do Outro ser humano. Assim, o Eu é também passividade, pois recebe o Outro, e esse o convoca. Para entender esse recebimento, em que se é passividade de acolhimento, Levinas diz que

> o próximo me concerne antes de toda assunção, antes de todo compromisso assumido ou rejeitado. Estou unido a ele, que, no entanto, é o primeiro que sem anunciar-se, sem qualquer relação contratada, ordena-me antes de ser reconhecido. Relação de parentesco à margem de toda biologia e contra toda lógica[34].

Essa exposição revela a condição de refém. A substituição é uma entrega de si, como serviço do bem ao Outro. Recebe-se o Outro como atribuição, numa passividade aquém ou além de um ato de vontade, que opte por ser para-o-Outro. A esse respeito comenta Costa,

---

34. Levinas, *De Otro Modo Que Ser*, 148.

é necessário esclarecer enfaticamente que a substituição é pré-originária e está na própria constituição da subjetividade do Eu [...] não se trata de um ato voluntário altruísta ou desesperado, fundado na liberdade ou na autodeterminação de um sujeito que faz a escolha heroica de dar a vida por alguém[35].

A substituição não é a tomada do lugar do Outro como uma espécie de troca de papéis. É uma substituição compreendida de forma mais radical que se encontra concentrada na "fórmula substituição do um-para-o-Outro", em que o Eu vai se destituindo de sua egoidade, depondo de si, em um desinteressamento pelo próprio ser a ponto de tirar o naco de pão da própria boca para corresponder de mãos cheias ao apelo do Outro. Trata-se de um esvaziamento de si, visto também como um exílio de si, o que remete à evasão do ser. Dessa forma,

> tudo o que sugerem verbos como esvaziar-se e consumir-se por sua forma pronominal não é ato de uma reflexão sobre si, de cuidado de si, senão que não é ato de nenhum modo; é pura modalidade da passividade que, mediante a substituição, está além de toda passividade. Em si como a marca do próprio exílio; isto quer dizer o puro desenraizamento de si. [...] Isso significa o testemunho da desmesura que já me ordena e que é dar ao Outro arrancando o pão da própria boca e fazendo doação da própria pele[36].

Com efeito, a radicalidade da substituição pode atingir o extremo da expiação de si. Voltado para-o-Outro, o Eu está assinalado com uma responsabilidade que, embora não tenha sido desejada, lhe concerne, e o coloca

---

35. Costa, *Uma introdução*, 172.
36. Levinas, *De Otro Modo Que Ser*, 214.

na condição de refém. Nesse sentido, pode-se chegar a substituir o Outro, desfazendo-se do próprio ser, isto é, "na expiação, o ser tomba, se perde e se doa"[37]. Eis, assim, a saída de si sem retorno de identificação. Responsabilidade que se transforma em doação desinteressada, pura bondade do bem, o que é entendido pelo filósofo lituano como sendo eleição. Em Levinas, aquele que substitui é um eleito, portador de uma responsabilidade irrevogável, portanto, único.

5. Na substituição o Eu é único

A substituição do um-para-Outro é a radicalidade da responsabilidade. Obrigação da qual o Eu não pode declinar, pois é "graças a esta substituição que Eu não sou Outro, mas sim, Eu"[38]. A substituição significa que o Eu é único enquanto responsável, já que "sofrendo o fardo do Outro homem apela-se à *unicidade* pela responsabilidade"[39]. Nesse sentido, a unicidade do Eu diz respeito à gravidade de suportar o Outro sobre ele.

A relação de responsabilidade foi vista como baseada na irreciprocidade, ou seja, o Eu responde sem esperar uma retribuição do Outro. Essa relação implica ao Eu uma responsabilidade a mais, tanto que se chega à substituição. Esse dever a mais representa não poder ser substituído, ser único enquanto apelado à responsabilidade obsedante, ou seja, "na responsabilidade para com

---

37. Susin, *O homem Messiânico*, 377.
38. Levinas, *De Otro Modo Que Ser*, 200.
39. Ibidem, 192.

o Outro, o Eu é único e insubstituível, algo que confirma sua eleição"[40].

Ser único é estar assignado, é ter atribuída uma responsabilidade intransferível e irrecusável. Incumbência que coloca o Eu substituindo todos, inclusive sendo responsável pela responsabilidade do Outro. Essa obrigação, contudo, tem um caráter de unicidade, isto é, significa que "ninguém mais pode fazer aquilo que só o Eu deve fazer"[41]. Com relação à unicidade, o filósofo lituano argumenta que

> este encargo é uma suprema dignidade de único. Posso substituir todos, mas ninguém pode substituir-me. Tal é minha identidade inalienável. É precisamente neste sentido que Dostoievsky afirma "Somos todos culpados de tudo e de todos perante todos, e Eu mais que os Outros"[42].

Assim, o Eu é si mesmo não por uma afirmação de si a exemplo das relações de fruição, posse e conhecimento. Nessas relações, havia o processo de totalização em vista do projeto de interesse do *conatus essendi*, da essência do ser. Em sentido levinasiano, o si mesmo se dá pré-originariamente, quer dizer, ser Eu, único, é comparecer aproximando-se desinteressadamente do Outro homem, pois "sou Eu apenas na medida em que sou responsável"[43]. Sobre isso comenta Susin:

> em Levinas Eu sou entregue ao Outro, assinado no serviço e na substituição, de tal modo que esta pertença ao Outro, que me define como Eu, é meu próprio que não se torna

---

40. Ibidem, 195.
41. Idem, *Deus, a Morte e o Tempo*, 203.
42. Idem, *Ética e Infinito*, 93.
43. Ibidem.

uma propriedade minha. Ser Eu é ser entregue ao Outro, em exposição unilateral sem correlação no Outro – que não é entregue a mim do mesmo modo – e sem escondimento, pois mesmo tentando esconder-me, Eu continuo Eu, ou seja, entregue ao Outro[44].

Esse abandono de si de todo ser é relacionado à bondade. Fica evidente que o *bem para além do ser* é a bondade que irrompe na responsabilidade pelo Rosto, até chegar à substituição. Isso se justifica pela significação da própria substituição, quando se lê que "podemos chamar *bondade* o que se trama nesta intriga: na exigência de abandono de todo o ter, de todo o para-si, Eu substituo-me ao Outro"[45].

Ser Eu, si mesmo, refém na responsabilidade indeclinável, é ser único e, portanto, ser bondade. Nesse sentido, a bondade que se revela na responsabilidade, ao mesmo tempo, manifesta o Eu como exposição vulnerável. Então ser si mesmo, único, é não estar repousando tranquilamente em si. A responsabilidade é uma não identificação consigo, como afirma o filósofo lituano,

> ninguém pode permanecer em si: a humanidade do homem, a subjetividade, é uma responsabilidade pelos Outros, uma vulnerabilidade extrema. O retorno a si faz-se desvio interminável. Bem antes da consciência e da escolha – antes que a criatura se reúna em presente e representação para se fazer essência – o homem aproxima-se do homem. Ele é tecido de responsabilidades. Por elas, lacera ele a essência. Não se trata de um sujeito que assume responsabilidades ou que se subtrai às mesmas; de um sujeito constituído, posto em si e para si como livre

---

44. Susin, *O homem Messiânico*, 389.
45. Levinas, *Deus, a Morte e o Tempo*, 192.

identidade. Trata-se da subjetividade do sujeito – de uma não indiferença a outrem na responsabilidade ilimitada, pois, não medida por engajamentos[46].

Em síntese, a unicidade do Eu se diz na responsabilidade em que comparece diante do Rosto do Outro até a radicalidade da substituição. Mas essa substituição, como já foi dito, não coincide com um ato volitivo da liberdade de troca de papéis com o Outro. Não quer dizer que o Eu se coloque no lugar do Outro, tampouco que aconteça o inverso. Isso porque o "Eu não é intercambiável, e Eu sou Eu na medida única em que sou responsável. Pois Eu posso substituir todos, mas nada e ninguém pode se substituir a mim"[47]. Substituição é padecer na passividade com o fardo de uma responsabilidade ilimitada, a qual não se pode declinar, tampouco rejeitar.

A partir dessa noção de substituição, é possível traçar um paralelo comparativo com o sentido levinasiano do ser exposto no primeiro capítulo. O ser foi apresentado como mal de ser, como peso expresso no *conatus essendi*, nessa busca a cada instante pela assunção do próprio ser. Tarefa infatigável e intransferível. Já com a noção de substituição, Levinas mostra a saída do ser, a evasão pretendida desde suas primeiras obras, como *Da evasão*, e *O Tempo e o Outro*, ou mesmo *Da Existência ao Existente*. A substituição, que é o *outramente que ser*, provoca a fissura e a interrupção da essência do ser e, dessa forma, evita a violência. Na substituição, o Eu é expulso para fora do ser, impedido de se instalar em si, isto é, em ser para si mesmo. Nesse

---

46. Idem, *Humanismo do Outro Homem*, 124.
47. Ribeiro, *Sabedoria da Paz.*, 89.

sentido, pela substituição, o Eu rompe com as amarras que o prendem a si mesmo, libertando-se do aborrecimento e do peso de existir. Por conseguinte, a ética não consiste numa deliberação da consciência por valores, cuja assunção visa a tornar o Eu virtuoso, tampouco é um discurso em favor da decisão e do ato da liberdade. Trata-se, portanto, de uma ética entendida como responsabilidade.

Em vista desse sentido da ética como responsabilidade, cunhado por Levinas e esclarecido por meio da substituição, é possível mostrar a distinção que há entre ética da responsabilidade e ética como responsabilidade. Assim, a ética se afasta da ética da responsabilidade, pois é entendida como decorrente da liberdade, da reflexão, a ponto de ser identificada como amor por si, ou mesmo cuidado de si. Já a ética da responsabilidade possibilita afirmar que a responsabilidade, chegando à substituição do Outro, significa o mais pleno sentido da ética atribuído pelo filósofo lituano.

A ética como responsabilidade é anterior à liberdade. Isso não significa que Levinas tenha realizado uma inversão do significado ontológico da ética, realizando a passagem da liberdade à responsabilidade. A responsabilidade, como já foi dito, não é o corolário da liberdade, mas é um acontecimento que irrompe na situação de encontro com o Rosto. Segue-se que a responsabilidade que incide sobre o Eu é irrevogável e inescapável, e é de uma gravidade de que o Eu não pode nunca se dizer quite nem com a qual poderia estar em débito. Por isso, o sentido último dessa responsabilidade é a substituição. Substituição que extirpa o Eu de sua perseverança no *conatus* e o revela na proximidade ao Outro, a ponto de se dizer que isso significa o

Outro no Mesmo, uma vez que sua irrupção como Rosto é interpelação capaz de acarretar a deposição do Eu.

Novamente cabe mostrar que, sendo a substituição o sentido último da responsabilidade, ela revela que a nova semântica da palavra ética é ruptura com a linguagem ética calcada na ontologia.

6. A nova semântica da ética desde a substituição

A substituição é o outramente à perspectiva que considera o Eu desde o interesse pela essência do ser. Por isso ela não se identifica com o ser, sendo o *outramente que ser*. Não um ser de outro modo, tampouco um modo alternativo ou melhor de ser. Trata-se de um padecer na passividade pelo Outro, a despeito de não se ter escolhido tal condição, ou melhor, essa não condição de substituir ao Outro sem, no entanto, esperar a recíproca.

Sendo a substituição o sentido último da ética como responsabilidade, ela não pode ser entendida desde uma compreensão jurídica da própria responsabilidade. Nesse sentido, o Outro não consiste num acusador cuja irrupção denuncia uma falta, ou mesmo uma sanção. Tampouco o Eu consiste naquele que responde com vista a saldar uma dívida, ou mesmo para se livrar de uma punição. Pode-se falar que, na substituição, o Eu se encontra numa situação incondicional da responsabilidade, pois não foi ele quem a escolheu e, a despeito disso, tampouco pode declinar dessa incumbência. O Eu é único na substituição e, assim, responde à bondade vinda desde o Rosto do Outro. Assim, tanto o Outro que apela à responsabilidade não é uma ameaça ou um acusador, nem o Eu que responde é intimidado ou coagido pelo Outro.

A noção levinasiana de substituição mostra que o Eu não é mais concebido no nominativo, mas no acusativo. Esse acusativo é a assignação, mostrada anteriormente. Trata-se de o Eu ocupar-se do bem do Outro na medida em que se desinteressa por si no esvaziamento do próprio ser. O Outro retira o Eu do *conatus essendi* e, assim, apazigua-o da violência que comete enquanto persevera no ser. Em vista disso, o Outro manifesta ao Eu sua responsabilidade indeclinável e, com isso, coloca-o numa exposição que desemboca na substituição. Isso significa ao Eu que a substituição quer dizer ter de carregar até mesmo as faltas do Outro.

Essa responsabilidade pelo Outro é objeto de questionamentos ao pensamento levinasiano. Para melhor entendê-la, faz-se necessário recorrer ao que diz Levinas em entrevista a Philippe Nemo. Lê-se, neste texto, que "o Eu tem sempre uma responsabilidade a mais do que todos os Outros"[48]. Essa responsabilidade se agrava em substituição. Substituir o Outro é ser refém, a ponto de se desfazer do próprio ser pelo bem do Outro. Ainda é necessário esclarecer as afirmações em torno da responsabilidade. Continuando, ainda, em *Ética e Infinito*,

> podemos mostrar-nos escandalizados por esta concepção utópica e, para um Eu, inumana. Mas a humanidade do humano – a verdadeira vida – está ausente. A humanidade no ser histórico e objectivo, a própria abertura do subjectivo, do psiquismo humano, na sua original vigilância ou acalmia, *é o ser que se desfaz da sua condição de ser: o desinteresse*. É o que quer dizer o título do livro:

---

48. Levinas, *Ética e Infinito*, 91.

"De Outro Modo Que Ser". [...] Sou Eu quem suporto o Outro, que dele sou responsável[49].

Essa responsabilidade a mais que recai sobre o Eu é que o torna si mesmo. Ora, ninguém pode substituir o Eu que substitui a todos. Em vista disso, nem a autonomia, tampouco a liberdade ou mesmo a consciência definem a identidade do Eu. O Eu é si mesmo enquanto responsável pelo Rosto, a ponto de substituí-lo. É importante notar que a substituição corrobora a compreensão da ética como responsabilidade, pois essa última não se assenta sobre um sujeito livre e autônomo, cuja deliberação de agir o leva a assumir um princípio ético universal; tampouco reside numa busca de um bem viver, ou pela teleologia da felicidade. A noção de ética, justificada aqui, mostra-se desde a situação ética em que o Rosto interpela o Eu.

Para ainda mais esclarecer essa noção de substituição, pode-se recorrer à noção de desejo. Ora, sabe-se que o desejo, conforme coloca Levinas, não é saciável. Em vista disso, se a irrupção do Outro suscita o desejo como apelo por responsabilidade, o Eu é posto numa condição em que o desejo o conduz à substituição e, assim, a assumir a responsabilidade do Outro.

A noção de substituição significa, então, uma radicalidade da responsabilidade do Eu para tudo e, também, para todos. Nesse sentido, a ética como responsabilidade se abre para a universalização. Isso quer dizer que a responsabilidade não se limita ao próximo, ou somente se orienta pelo Outro. Ela caminha para a substituição a quem

---

49. Ibidem, 92.

não está no contato da proximidade, mas se encontra na distância. Isso significa a irrupção do terceiro, o próximo do Outro ou o Outro próximo. Nesse sentido, o Eu é responsável por todos os Outros, próximos e distantes, pois eles o obsedam desde o Rosto.

Trata-se aqui de argumentar sobre a entrada do terceiro e do sentido da justiça. Terceiro é a designação levinasiana para se referir ao Outro do Outro. Isso porque o Eu não é responsável apenas por um Outro, ou por um Rosto, mas também pelo terceiro e, portanto, pela justiça. A respeito disso, Levinas afirma que "o fato de que o Outro, meu próximo, é também em relação a um Outro, próximo também dele, é o nascimento do pensamento, da consciência, da justiça e da filosofia"[50]. Abre-se aqui, no pensamento levinasiano, a preocupação com a questão da própria convivência social, que requer que a justiça ao Outro seja assegurada para que ele não soçobre diante do Eu. Em vista disso, entende-se que o terceiro emerge dentro da própria situação ética de encontro com o Rosto. No Rosto do Outro, todos os Outros estão a interpelar o Eu. Essa presença do terceiro não é artimanha argumentativa, senão que revela a própria centralidade da justiça para a filosofia de Levinas. Segue-se que a justiça é remetida à responsabilidade.

A partir do que foi visto, evidencia-se que, em *Outramente que Ser*, a substituição é relacionada com a fissão do Eu, enquanto este era visto afirmando-se no ser. A substituição marca o Eu com a não indiferença e não alergia pelo Outro. Ora, inicialmente, foi visto que a indiferença

---

50. Idem, *De Otro Modo Que Ser*, 160.

ao Outro pela afirmação de si no ser é egoísmo, e isso se constitui em mal. Diante disso, a substituição possibilita ver o Eu desde a perspectiva da paz.

7. A ética como responsabilidade estabelece a paz

Em *Outramente que Ser* a noção levinasiana de ética manteve o significado de encontro, de situação em que o Eu é interpelado pelo Rosto, significado este que está associado à proximidade ao Outro na obsedante responsabilidade. Essa responsabilidade se diz como não indiferença ao Outro, ou, como diz Levinas, como um "Eis-me aqui". Trata-se de uma mudança do nominativo para o acusativo. "O termo Eu significa Eis-me aqui, respondendo por tudo e todos. A responsabilidade para com os Outros não é um retorno sobre si mesmo, mas uma tensão exasperada, que os limites da identidade não podem reter"[51]. Essa ruptura com a identidade, em que o Eu está acorrentado a si e persevera no ser, em seu *conatus essendi*, é possível mediante essa mesma responsabilidade, cuja radicalidade é a substituição. Em vista desse significado, o Eu encontra-se em ruptura e distanciamento com o mal de ser, que o caracterizava em seu processo de identificação.

Segue-se que a substituição consiste na excendência do Eu, do encarceramento a si, do horror do "*Il y a*". No primeiro capítulo, mostrou-se como esse encarceramento a si era uma figura do mal, pois o excesso de ser significava a totalização de todo o Outro. O mal de ser se expressava

---

51. Ibidem, 183.

na guerra, sinônimo da totalização. A guerra sintetizava o mal de ser e seu horror. Já em *Outramente*, a dureza da essência, o excesso de preocupação em ser, do interessamento por si, vota o Eu ao egoísmo. O mal é ligado à essência, ao *conatus essendi*, e já implica a presença do Outro. Daí se segue que, novamente, o egoísmo é mau em decorrência da desconsideração do Outro, bem como usurpação do que lhe deveria oferecer. Ora, se o bem é para além da essência, o egoísmo é mau diante da interpelação do bem que precede a própria busca por afirmar-se no ser. Trata-se do egoísmo como esquecimento da obrigação irrescindível da responsabilidade para com o Outro.

Em contrapartida, a substituição é ruptura, ou melhor, evasão desse encarceramento a si. Isso implica que o Eu é colocado na condição de desinteresse pelo ser. Acontece uma fissão do próprio Eu. Não é mais para si, mas para o Outro, na responsabilidade, passando a significar o Eu como bondade. Na medida em que o Eu responde ao Outro, interrompe o conatus *essendi* e, desse modo, rompe com a violência do ser. Ora, se sair do ser é romper com o mal de ser, é possível depreender que Levinas, ao tratar da substituição como sendo essa ruptura, acaba por dizer que a ética como responsabilidade é a própria paz. Estabelecer a paz é a condição que recai ao Eu assignado pelo Outro, ou, como afirma o filósofo, "o assignado – o Eu – Eu repilo e afasto o próximo por meio da minha própria identidade, por meio da minha ocupação da esfera do ser; devo, portanto, sempre estabelecer a *paz*"[52]. A verdadeira

---

52. Ibidem, 165.

paz advirá não por um ser de modo diferente, como a suspensão da guerra, mas de um desinteresse pelo ser e interesse pelo Outro.

Desse modo, se rompe com o ser e sua lógica interesseira. Ora, do que foi dito, pode-se inferir que a responsabilidade pelo Rosto seria o espaço do acontecimento da paz, em que o mandamento "não matarás" se concretiza como comparecimento, "Eis-me aqui", responsável por tudo e por todos.

Considerações finais

Ao longo dessas páginas, a intenção era pensar outramente a responsabilidade, apresentando a ética como responsabilidade pelo rosto desde a passagem do ser ao Outro na obra do filósofo franco-lituano Emmanuel Levinas. Para isso, dividimos o texto em três capítulos: *A afirmação no ser e a constituição do Eu como Mesmo; Do ser ao Outro, a responsabilidade pelo rosto; O infinito da responsabilidade leva à substituição*. Para o seu desenvolvimento, foi imprescindível a adoção do método genético de leitura, uma vez que, por meio dessa metodologia, foi possível seguir a gênese do pensamento do autor, compreendendo que, inicialmente, há a busca pela evasão do ser; em seguida, dá-se a ruptura com o ser por meio da responsabilidade pelo rosto e, por fim, chega-se à identificação do Outro como próximo, que conduz a responsabilidade à substituição.

No primeiro capítulo, apresentamos como Levinas colocou o problema da necessidade da evasão do ser. Para isso, partimos da análise ontológica da guerra, a qual se mostrou identificada com a situação de fim de mundo, como exposição concreta da violência de um ser humano contra outro. Diante dessa situação, o filósofo lituano depreendeu o encontro com o fato anônimo do ser e com e a experiência para o ser humano advinda do desvelar disso. Nesse sentido, o fim do mundo ou a situação de guerra revelou o ser puro, denominado por Levinas como *"Il y a"*, traduzido como "há". O fato do "há" implica uma irreversibilidade em ser. Em vista disso, o ser é concebido, na esteira da influência de Heidegger, como ato de ser. Conclui-se que ser é apoderar-se do ser na existência. A existência se apresentou como confronto fático com o ser, isto é, com o fato de que se é, e as coisas são. Com a análise ontológica da guerra, em sua identificação com o fim do mundo, mostrou-se o despertar da atenção para o fato nu e cru do ser, para o "há". Tal ligação com o ser é irremissível, como uma dramaticidade de apoderar-se do ser. Levinas conclui que essa dramaticidade é um mal de ser.

A abordagem do mal de ser mostrou que, na existência, dá-se o fato puro do ser e a dramaticidade do confronto de assumir o ser na existência. Há o mal de ser porque o ser é surdo, convoca a assumi-lo num sufoco irreversível. Ao mesmo tempo, evidenciou-se que essa obrigação de ser tece o existente em sua identidade de Eu. Essa identidade é solidão, uma vez que só o existente pode ser si mesmo. Isso demonstra que ser é isolar-se pelo existir. Acorrentado à existência, o Eu precisa apoderar-se do ser para permanecer sendo e não acabar aniquilado. Essa perseverança no ser é o *conatus essendi*, o esforço por ser e indiferença ao resto, herança de Espinosa. Mas o paradoxo desse contrato irrescindível com o ser é que o Eu procura evadir-se. A evasão é perseguida porque o ser é insuportável em sua carga. A despeito da evasão, essa perseverança

Considerações finais

em ser mostrou-se como uma das raízes da anulação da alteridade, bem como do esquecimento do Outro. A compulsão por sair do ser não aceita a opção do nada, pois ser é melhor do que não ser. Por isso, foi necessário, novamente, remontar aquém da opção "ser e nada" e esclarecer a relação originária do Eu com o "há".

O "há" perpassa a obra levinasiana. É uma influência da diferença ontológica heideggeriana, porém, em Levinas, o "há" consiste na existência pura, em um existir sem existente. Para descrevê-lo, recorre à fenomenologia, comparando-o a uma presença que permanece em meio ao desaparecimento de tudo, como a escuridão e a insônia. Trata-se da obra do ser, impessoal, sem pertencimento a qualquer ente. Não se escapa do "há" por causa de sua irremissibilidade. Em vista disso, Levinas chega à conotação ética do ser. O ser é mal porque é ilimitado. É-se condenado a participar do ser. Essa condenação marca o Eu com o sentimento de horror, diferentemente daquilo estabelecido por Heidegger, para quem a angústia é o sentimento primigênio do *Dasein* por ter de ser-para-a-morte. O horror é o sentimento diante da irremissibilidade do peso do ser. Este é assumido como um dever, no que foi chamado de hipóstase.

A hipóstase é um domínio frente à impessoalidade do "há". É a assunção do ser pelo Eu, o surgimento do ente no ser. Na hipóstase, o ser deixa seu anonimato e é assumido como o ser de alguém. Assim, dá-se o rompimento com a carga do "há", mas ainda se está preso ao ser, pois, nela, acontece a identificação, a afirmação do Eu no instante do presente em que se assume o ser. Aqui foi evidenciado, novamente, o esforço que recai no Eu por seu contrato irrescindível com o ser, mas com a inserção na materialidade do corpo, pois o domínio sobre o "há" se dá pelo corpo que se é. O acorrentamento a si significa a necessidade de se ocupar dessa materialidade para não ser subsumido no "há". Tratou-se, assim, de analisar o encontro com o mundo, disponível à fruição e à posse. Por meio desse contato, o Eu se identifica a si, constituindo-se como mesmo.

Essa identificação foi abordada pela análise dos movimentos de fruição e posse. Pela fruição, o Eu se encontra numa satisfação momentânea, pois subsume os conteúdos do mundo para o seu saciamento. Com a posse, recolhe na morada esses conteúdos, podendo adiar a fruição e suspender seu soçobrar diante das necessidades a partir das reservas. A partir desses movimentos, foi possível constatar como se dá a ruptura do Eu com o "há" e com a totalidade, irrompendo no mundo identificado a si, mas, também, numa espécie de egoísmo por ser. Realiza uma estrutura englobante, capaz de subsumir todo Outro a si. Esse aspecto de totalização marca o Eu, pois, fixado em seu *conatus essendi*, é visto desde uma perspectiva egolátrica, cerrado em si, para manter-se no interesse pelo seu ser. A abordagem da fruição e da posse mostrou um Eu soberano e feliz diante do mundo. Mas é um Eu só, condenado a um excesso de si. Isso mostrou que a constituição do Eu como mesmo não conduz à evasão do ser, pois o Outro é dissolvido no gozo e coisificado na posse.

Essa suficiência do Mesmo, em seu egoísmo de ser, levou Levinas a criticar a filosofia ocidental como egologia. Mostrou-se que essa crítica foi direcionada à ontologia, à filosofia da redução do Outro ao mesmo. Por isso, o

Considerações finais

questionamento se a ontologia é fundamental. Tal questionamento foi dirigido ao poder que caracteriza o Eu no mundo pelo *conatus*. Aqui se abriu a possibilidade da evasão do ser. Isso se dá pela retirada do esquecimento do Outro. Na ontologia, a existência se caracteriza pela compreensão do ser com vista a manter-se no ser. Levinas questiona tal consideração e mostra que a condição de possibilidade de compreensão do ser e do mundo é uma situação, o encontro com o Outro. Tal situação foi mostrada como estremecimento da preocupação do Eu com o próprio ser. Isso se dá pela interpelação à responsabilidade.

Uma vez que se mostrou o ser e sua relação com a violência, exposta na guerra, apresentamos o segundo momento, em que se abordou a passagem do ser ao Outro a partir da responsabilidade. Para se chegar à explicação do modo como a responsabilidade traz a evasão do ser, foi necessário mostrar a ruptura com o mal de ser. Por isso, recorreu-se à fórmula platônica que coloca o "bem além do ser". Esta ideia se encontrava na gênese do pensamento levinasiano. Levinas discordou da interpretação heideggeriana da fórmula, porque o autor de *Ser e Tempo* a reduziu à potência de ser si mesmo. Essa fórmula significa para o Eu a saída do ser, a excendência do ser. Trata-se de uma significação ética, pois a fórmula é interpretada no horizonte da relação com o Outro humano.

Essa passagem do ser ao Outro significa que excendência do ser é o bem. Bem é a concretude da saída da preocupação em manter-se no ser para si. Com essa análise, pode-se concluir a irrupção de uma nova concepção antropológica, embora o próprio Levinas não utilize diretamente a noção de antropologia. A despeito disso, a evasão do ser, como passagem do ser ao Outro, mostrou um sentido do humano diverso do da ontologia. Isso porque é afirmado que o humano propriamente se oferece a uma relação que não é poder. Ora, isso se dá na situação de encontro face a face, nomeado como situação ética. Tal situação é um questionamento e reviramento no Eu.

A presença do outro humano acarreta no Eu a vergonha por sua ingênua espontaneidade de totalizar todo Outro a si. Pela vergonha, evidenciou-se o início de um reviramento no Eu, rompendo com a assimilação. Dessa forma, esclareceu-se a possibilidade de uma relação não alérgica com o Outro. A possibilidade tradicional seria o conhecimento. Todavia, Levinas evidenciou o elo entre este e o egoísmo, ou seja, o conhecimento é, ainda, acorrentamento a si pela redução do Outro ao conceito que é assimilado. Para mostrar um caminho em que o Eu não fosse totalizado, recorremos à noção de *reconversão*. Trata-se de uma noção pouco estudada em Levinas, mas que viabilizou entender a passagem do ser ao Outro.

A reconversão está relacionada à vergonha. Com isso, explicitou-se que a reconversão é a vergonha do Eu por sua ingênua soberania de identificação com o Mesmo. Na reconversão ao Outro, o Eu é impotente. Assim, o Outro humano surgiu como epifania, como interpelação por responsabilidade, capaz de deflagrar no Eu o exílio de si. A reconversão do Mesmo ao Outro se cumpre na concretude da responsabilidade. Dessa forma, o Outro humano irrompe questionando o poder do Eu.

Ao falar do Outro, pretendeu-se mostrar que não era um *alter-ego*, como a tradição filosófica afirma. Em Levinas, o Outro é alteridade. Por isso, sobre ele o Eu não

Considerações finais

pode poder, porquanto escapa e interdita o seu domínio. Por essa interdição, a ética tem o sentido da impugnação da espontaneidade do Eu pela irrupção do Outro. Trata-se de uma concepção ética distinta da ética Eudaimônica, ou da ética deontológica ou ainda da ética utilitarista. A ética é um acontecimento, uma situação de reconversão.

Na ética, dá-se a passagem do Eu para sua situação humana. O humano não se diz no poder, mas na resposta responsável ao Outro que o solicita. Evidencia-se, assim, que o Eu pode entrar em relação com o Outro sem subsumi-lo a si. Isso porque a epifania do Outro é resistência ética, uma interpelação em forma de mandamento: "não matarás". O Eu apela a um reconhecimento para lhe atender com o que se é e possui, a fim de que ele não soçobre. Essa resistência ética é a oposição do Outro ao Eu. No entanto, diante dessas considerações, foi levantada a questão em torno da resposta do Outro ao Eu. A partir disso, mostrou-se que a ética levinasiana é assimétrica e irrecíproca. Isso quer dizer que a alteridade do Outro é uma transcendência com relação ao Eu. Ao mesmo tempo, a irreciprocidade significa que a responsabilidade não implica a exigência contrária. Em decorrência da noção de ética como impugnação da espontaneidade do Eu, pôde-se colocar a liberdade em questão.

Ao questionar a liberdade, questiona-se a concepção de ética que se assenta nela. Em vista disso, pôde-se ver que Levinas considera que as éticas justificadas na liberdade não correspondem às exigências mais profundas da humanidade. Trata-se de éticas do Eu, do sujeito. A crítica à liberdade decorre de sua carência de justiça. Por isso, a ética parte da situação de encontro com o Outro humano.

Desde a consideração e responsabilidade pelo Outro é que se torna justa a liberdade. Isso porque, em si mesma, a liberdade é arbitrária. Daí se seguiu necessidade de mostrar que o Outro é exterioridade, não podendo ser contido na arbitrariedade e poder de liberdade do Eu, haja vista a impossibilidade e o fracasso do assassinato que, a todo custo, objetiva subsumir a alteridade. Ora, diante do Outro, a liberdade arbitrária do Eu se encontra injustificável. O questionamento da liberdade injusta tornou necessário explicitar o sentido da ideia de infinito.

Em Levinas, o Infinito não quer dizer plenitude de ser, mas sim, a subtração ao poder do Eu. Isso leva a conceber que o infinito também envergonha o Eu ao revelar que a liberdade é, em seu exercício, assassina, quando procura subsumir a alteridade, eliminando a infinita distância que os separa. O infinito é o Outro. Sendo o Outro, o Infinito, sabe-se que ele se revela ao Eu e, assim, produz a ideia do infinito. Ter a ideia do infinito é acolher o Outro. Mostra-se, dessa forma, que a ideia do infinito tem significação ética. Ao se tratar do Infinito, veio à tona o modo como o Outro se apresenta para além da sua ideia no Eu, a saber, o Rosto.

O Outro é rosto. Está para além da fisionomia plástica da verticalidade. Levinas não o identifica como um fenômeno, pois, assim, receberia seu sentido da intencionalidade da consciência, conforme o filósofo lituano aprendera de Husserl. O rosto fala e ensina. Trata-se, então, de um reviramento da imagem do rosto em linguagem. Significa que sua epifania é uma palavra de ordem e súplica, uma convocação do Eu a uma resposta da qual não se pode esquivar.

Considerações finais

A expressão do rosto é uma palavra, não identificada com um signo linguístico ou uma proposição dirigida a um entendimento. Essa palavra é "a primeira palavra: não cometerás assassínio".

Mostra-se que a significação ética do rosto tem o sentido de apelo à responsabilidade. A partir desse apelo, foi possível mostrar a correlação entre responsabilidade e bondade. Falar de bondade no contexto atual questiona a identificação que se faz de bondade com ingenuidade, simplicidade ou mesmo insensatez, pois o que conta é afirmar-se, tirar proveito e vantagem em tudo. Em contrapartida, a bondade consiste em colocar-se no ser de tal modo que o Outro conte com isso mais que o próprio Eu.

Essa responsabilidade não é a voz da consciência como resposta que obriga o Eu a agir em coerência consigo mesmo. Em Levinas, a responsabilidade consiste na resposta ao apelo presente no rosto do Outro; ela acontece na afecção pelo Outro, na acolhida de sua alteridade, que impele o Eu a sair de si para além da fruição e da posse. Dessa forma, pode-se inferir que a significação do Eu está relacionada a essa responsabilidade.

Não voltado mais para e sobre si, o Eu é transformado em bondade. A bondade se relaciona ao desejo. O desejo consiste na presença da impossibilidade ética de satisfação de um Eu saciado em seu egoísmo. Surge desde o Outro. O desejo desencadeia a impossibilidade da não indiferença do Eu para com o Outro, pois esse, como desejável, questionando o Eu mantido em si, acaba por suscitar um movimento de saída de si. Assim pode-se entender as razões e o sentidos pelos quais o desejo é a possibilidade de o Eu sair do mal de ser e adentrar na bondade.

Dessa forma, podemos observar que a perspectiva levinasiana da responsabilidade se afasta da concepção de responsabilidade decorrente da liberdade. Para Levinas, o Eu diante do Outro é infinitamente responsável. Ora, responsabilidade não quer dizer compromisso ético com o Outro, advindo de uma boa vontade que delibera atendê-lo. Trata-se de uma responsabilidade anterior à intencionalidade, em que o Eu responde a um ordenamento em forma de uma convocação. Isso quer dizer que a responsabilidade incumbe ao Eu antes da liberdade, significando estar na bondade antes de escolhê-la, pois a responsabilidade é aquilo que o Eu humanamente não pode recusar, assim como o Eu é si mesmo na medida em que é responsável pelo Outro.

Sendo assim, a responsabilidade torna o Eu ético, num reviramento em que lhe incumbe tornar-se para o Outro, descentrando-se do ser para si. Isso mostra que a responsabilidade não é uma qualidade ética, tampouco um atributo do Eu. O sentido do Eu encontra-se na responsabilidade. Por isso, é possível se referir à ética, em Levinas, como responsabilidade, uma vez que, na responsabilidade, decide-se o sentido do próprio humano. O Eu tem uma incumbência infinita de responsabilidade. Levinas mostra que tal incumbência conduz o Eu à substituição.

A busca por mostrar a passagem do ser ao Outro nos conduziu a identificar a responsabilidade como lugar de saída do ser. Lugar de saída que conduz à radicalidade da substituição. Dessa forma, chegamos ao terceiro capítulo. Nesse momento, o ser teve o sentido de essência, remetendo à noção de *conatus essendi*. Assim, ser é interesse pela preservação do próprio ser. Dito de Outro modo, ser é egoísmo. Desse egoísmo advém a guerra. Aqui ressoou

Considerações finais

o que foi tratado do início do primeiro capítulo, a relação entre o ser e a guerra, resultando na correlação entre isso e o mal de ser. Por isso, nesse terceiro momento, foi importante compreender como Levinas continua a mostrar a evasão do ser, porém, agora, pensada desde o "além da essência". Aqui novamente se comprovou a escolha do método genético de análise.

Partimos do entendimento do "além da essência" desde a noção de desinteressamento. Nesse sentido, se ser é interesse, é ser para si, o movimento de ruptura com o ser será contrário, será ser para o Outro, portanto, desinteresse, ou seja, além do ser na responsabilidade como um dizer da bondade. Trata-se da ruptura e destituição da persistência no ser e, portanto, da egoidade do Eu. Com isso, ao relacionar o desinteresse à responsabilidade, Levinas demonstra o que procurava, o outramente que ser. Aconteceu aqui um deslocamento no sentido do Eu. O Eu não é mais si mesmo, mas um Eu alterado em si mesmo, como Outro no mesmo.

A partir desse deslocamento, depreende-se que Levinas põe em questão a própria identificação do Eu consigo. Trata-se de um Eu que, antes mesmo de repousar em si, já se encontra numa situação de convocação à responsabilidade. Sua posição é a deposição de si, que o constitui para o Outro na proximidade. A proximidade é a impossibilidade de manter-se indiferente ao Outro, que interpela à responsabilidade. Tal proximidade se dá na aproximação ética, a qual é infinita, pois há uma distância infinita entre as exigências do Outro e a responsabilidade do Eu.

Essa ilimitação da responsabilidade foi tratada como obsessão. O uso levinasiano desse termo está referido à noção de afecção do Mesmo pelo Outro. Essa proximidade obsedante é um estalo na consciência do Eu, pois não se toma consciência da irrupção do Outro como Rosto. Segue-se que o Outro não toca o Eu para, assim, desencadear uma resposta. O Outro irrompe, numa obsedante proximidade que interrompe a essência do ser, arrancando o Eu de sua indiferença e assignando-o na proximidade.

A noção de assignação possibilitou mostrar que o Eu está no acusativo, uma vez que o Outro lhe ordena antes mesmo de ser reconhecido. Desde a assignação, Levinas entende que o Eu é marcado pelo Outro, num acusativo que o expõe e suspende o jogo do *conatus*. Assignado ao Outro sem poder participar ou deliberar pela aceitação ou rejeição dessa condição, o Eu encontra-se, assim, na bondade como suspensão do horror de ser para si. Ao mesmo tempo, essa obsessão em que se está assignado ao Outro revela que o Eu é refém.

A situação ética em que o Eu se torna refém do Outro não o faz prisioneiro. Isso não se constitui em aprisionamento, pois se trata da aproximação do Outro na proximidade. Significa o esvaziamento do Eu de seu próprio ser, desembocando na compreensão da ética como substituição ao Outro. Entende-se, então, que a noção de refém é uma explicitação do sentido do desinteressamento do Eu pelo seu ser. Sendo refém, é plenamente responsabilidade, pois tem a incumbência, inclusive, da responsabilidade do Outro. Aí reside um excesso, que é percebido por Levinas como substituição.

A substituição não é a tomada do lugar do Outro como uma espécie de troca de papéis. Encontra-se concentrada na "fórmula substituição do um-para-o-Outro", em que o Eu vai se destituindo de sua egoidade, depondo-se de si, em um desinteressamento pelo próprio ser a ponto de tirar o naco de pão da própria boca para corresponder de mãos cheias ao apelo do Outro. Trata-se de um esvaziamento de si, visto também como um exílio de si, o que remete à evasão do ser.

Assim, percebe-se que o Eu não é mais concebido em termos de sujeito autônomo, soberano em sua liberdade, que totaliza todo o Outro a si. É isso que torna possível depreender que, em Levinas, o infinito da responsabilidade, chegando à substituição, constitui o Eu como tal e não sua posição no ser mediante a identificação. Ora, é em relação a esse desinteresse pela essência do próprio ser que o filósofo lituano identificou a noção da substituição como sentido último da responsabilidade.

A partir disso, pode-se considerar que a ética como responsabilidade, conforme mostra Levinas, prescinde da busca por uma fundamentação. Nesse sentido, não coincide com a identidade ou o *conatus essendi*. Daí se deduz não haver espaço para se pensar uma fundamentação da responsabilidade no Outro, como se fosse um contraponto ou oposição à liberdade fundamentada no ser. Posto isso, contesta-se a objeção a Levinas, segundo a qual ele realizaria somente uma inversão de fundamento. Ora, se fosse assim, a filosofia de Levinas estaria ainda vinculada à ontologia, e sua ética não seria uma ruptura da Totalidade, tampouco seria *para além da essência*. O filosofar levinasiano realiza uma mudança semântica da noção de ética.

Assim, a ética é um evento, uma situação de proximidade, na qual a responsabilidade obsedante pelo Rosto do Outro é a própria linguagem ética, ou, como afirma o próprio filósofo lituano, é o *outramente que ser*. O Eu é expulso de si e, na medida em que é responsabilidade pelo rosto, não é concebido desde a ontologia. Esse entendimento possibilitou concluir que a substituição torna possível a procurada evasão do ser. A metodologia de estudo genético de Levinas mostra aqui seu sentido, quando se entende que toda a obra levinasiana manteve presente uma problemática indicada em seus albores.

Pela substituição demonstra-se a unicidade do Eu, pois o Eu tem uma responsabilidade indeclinável. Em suma, a unicidade do Eu se diz na responsabilidade em que comparece diante do Rosto do Outro até a radicalidade da substituição. Não quer dizer que o Eu se coloque no lugar do Outro, tampouco que aconteça o inverso. Substituir o Outro é padecer na passividade, com o fardo de uma responsabilidade ilimitada, da qual não se pode declinar e tampouco rejeitar. Levinas mostra que o Eu é si na medida única da responsabilidade, pois pode substituir todos, mas nada e ninguém pode substituí-lo. Pela substituição, pôde-se concluir haver uma relação entre a responsabilidade pelo rosto e o estabelecimento da paz.

Por meio do encontro com o *outramente que ser*, mostramos que o Eu sai do nominativo e se diz no acusativo: "eis-me aqui". Trata-se do Eu que rompe o excesso do ser pela responsabilidade, a qual o torna bondade. Dessa forma, dá-se a saída do mal de ser. Como isso se intensifica na substituição, foi possível mostrar que a fissão no Eu conduz ao entendimento de que a ética com responsabilidade estabelece a paz.

Sendo assim, na medida em que se pretendeu compreender a ética em Levinas como sendo a passagem

Considerações finais

do ser ao Outro, a partir da responsabilidade pelo rosto foi possível dar um passo a mais, pois foi sendo evidenciado um novo sentido do próprio ser humano. Assim, decorre da concepção ética levinasiana uma concepção antropológica.

Na ética, articulou-se o antropológico de tal forma que foi possível entender o ser humano tendo como ponto de partida metodológico a análise do peso que o ser lhe impõe para ser assumido no instante em que se é. Ao mesmo tempo, esse entendimento passou pela compreensão da espontaneidade das relações com o mundo, pelas quais se assegura e se mantém sendo. Mas esse ponto de partida foi importante para se mostrar como ele não diz o sentido do humano. Por isso, a necessidade de se remeter à ideia de "bem além da essência", para que fosse possível mostrar que o humano não se diz no ser, mas pelo infinito da responsabilidade. Ora, a essência foi dita na obra *Outramente que Ser* como equivalente do ser, isto é, como perseverança em se manter no ser. Por isso a insistência no questionamento do ser, pois o pensamento a partir do ser desencadeou a perspectiva do ser humano como poder, afirmação de si, resultando no esquecimento do Outro. Tal esquecimento significou o desprezo pelo Outro, a instauração do absurdo da guerra contra a própria humanidade em sua alteridade. Então, verificou-se a afirmação do mal de ser, manifesto no ódio gratuito do ser humano contra o Outro.

Mas quando se explicitou a passagem do ser ao Outro, pôde-se ver a realização do "bem além da essência", deduzindo-se a concepção do ser humano como bondade. Dessa forma, o ser humano foi significado desde a situação ética em que é apelado à responsabilidade para estabelecer a paz. Assim, o significado do humano não se encontra na doação de sentido proveniente da consciência intencional, pois a própria situação já carrega o seu sentido, sem a necessidade de um contexto que lhe doe isso.

Em Levinas, o ontológico não é mais fundamental, pois o ético é o que conta para se dizer, com sentido, o mundo, e sobretudo o ser humano. Dessa forma, não é irrelevante que o filósofo lituano proceda com uma mudança semântica na própria noção de filosofia. Isso porque a filosofia não é mais amor à sabedoria, senão sabedoria de amar. A ética passa a ser a filosofia primeira, a partir da qual toda a filosofia é convocada a ser repensada. Em vista disso é que, aqui, essa sabedoria foi interpretada ao modo de ética como responsabilidade pelo rosto.

Referências bibliográficas

BUCKS, René. *A Bíblia e a Ética. A Relação Entre a Filosofia e a Sagrada Escritura na Obra de Emmanuel Levinas*. São Paulo: Loyola, 1997.

CHALIER, Catherine. *Lévinas. A utopia do humano*. Lisboa: Instituto Piaget, 1993.

COSTA, Márcio Luis. *Levinas. Uma introdução*. Petrópolis: Vozes, 2000.

DERRIDA, Jacques. *Adeus a Emmanuel Lévinas*. São Paulo: Perspectiva, 2004.

DESCARTES, René. *Meditações*. São Paulo: Nova Cultural, 1999.

FABRI, Marcelo. *Desencantando a Ontologia. Subjetividade e sentido ético em Levinas*. Porto Alegre: EDIPUCRS, 1997.

_____. Linguagem e Desmistificação em Levinas. *Síntese* (Belo Horizonte), v. 28, n. 91, 2001, 245-266.

_____. Despertar do anonimato: Levinas e a fenomenologia. *Veritas* (Porto Alegre), v. 47, n. 2, 30 dez. 2002, 121-130.

_____. Levinas e a busca do autêntico. *Veritas* (Porto Alegre), v. 45, n. 2, 31 dez. 2000, 185-194.

_____. Levinas: mito-logos e a possibilidade de um sentido ético. *Veritas* (Porto Alegre), v. 44, n. 2, 31 dez. 1999, 285-296.

FARIAS, André Brayner de. A anarquia imemorial do mundo – Levinas e a ética da substituição. *Veritas* (Porto Alegre), v. 53, n. 2, 30 ago. 2008.

_____. Por que a Responsabilidade? *Conjectura* (Florianópolis), v. 17, n. 1, jan./abr. 2012, 187-198.

_____. Poética da substituição. *Síntese* (Belo Horizonte), v. 43, n. 136, mai./ago. 2016, 227-238.

HEIDEGGER, Martin. *Ser e Tempo*. Trad. e org. Fausto Castilho. Campinas: Unicamp, 2012.

HERRERO, Francisco Javier. *Estudos de Ética e Filosofia da Religião*. São Paulo: Loyola, 2006.

KANT, Immanuel. *Crítica da razão prática*. Trad. Valério Rohden. São Paulo: Martins Fontes, 2003.

_____. *Fundamentação da metafísica dos costumes*. Lisboa: Edições 70, 2005.

KUAIVA, Evaldo Antônio. *Subjetividade Transcendental e Alteridade: um estudo sobre a questão do outro em Kant e Levinas*. Caxias do Sul: EDUCS, 2003.

_____. Crítica de Levinas à estrutura da subjetividade kantiana. *Veritas* (Porto Alegre), v. 44, n. 2, junho 1999, 297-310.

LEVINAS, Emmanuel. *En Découvrant L'Existence avec Husserl et Heidegger*. Paris: Librarie Philosophique J. Vrin, 1967.

_____. *Le Temps et L'Autre*. Paris: Fata Morgana, 1979.

_____. *Totalidade e Infinito*. Lisboa: Edições 70, 1980.

_____. *Ética e Infinito*. Lisboa: Edições 70, 1982.

_____. *Transcendência e Inteligibilidade*. Lisboa: Edições 70, 1991.

_____. *Humanismo do Outro Homem*. Petrópolis: Vozes, 1993.

_____. *Liberté et Commandement*. Montpellier: Fata Morgana, 1994.

_____. *Descobrindo a Existência com Husserl e Heidegger*. Lisboa: Instituto Piaget, 1997a.

_____. *Entre Nós: Ensaios Sobre a Alteridade*. Petrópolis: Vozes, 1997b.

_____. *Da Existência ao Existente*. Campinas: Papirus, 1998.

_____. *Da Evasão*. Gaia: Estratégias Criativas, 2001a.

_____. *Do Sagrado ao Santo: Cinco Novas Interpretações Talmúdicas*. Rio de Janeiro: Civilização Brasileira, 2001b.

_____. *De Deus que vem à Ideia*. Petrópolis: Vozes, 2002.

_____. *De Otro Modo Que Ser: o Más Allá de la Esencia*. Salamanca: Sígueme, ⁴2003a.

_____. *Deus, a Morte e o Tempo*. Coimbra: Almedina, 2003b.

_____. *Quatro Leituras Talmúdicas*. São Paulo: Perspectiva, 2003c.

_____. *Difícil Libertad: Ensayos Sobre el Judaísmo*. Madri: Caparrós, 2004.

_____. *Novas Interpretações Talmúdicas*. Rio de Janeiro: Civilização Brasileira, 2002.

LIMA VAZ, Henrique Cláudio. *Escritos de Filosofia IV. Introdução à Ética Filosófica 1*. São Paulo: Loyola, 1999.

_____. *Escritos de Filosofia V. Introdução à Ética Filosófica 2*. São Paulo: Loyola, 2000.

MELO, Nélio Vieira de. *A ética da Alteridade em Emmanuel Levinas*. Porto Alegre: EDIPUCRS, 2003.

NODARI, Paulo César. Liberdade e proximidade em Levinas. *Veritas* (Porto Alegre), v. 51, n. 2, 30 ago. 2006, 89-96.

NUNES, Etelvina Pires Lopes. *O Outro e o Rosto. Problemas da alteridade em Emmanuel Levinas*. Braga: Publicações da Faculdade de Filosofia da Universidade Católica Portuguesa, 1993.

PELIZZOLI, Marcelo. *Levinas. A reconstrução da subjetividade*. Porto Alegre: EDIPUCRS, 2002.

PIVATTO, Piargentimo. A ética de Levinas e o Sentido do Humano – Crítica à Ética Ocidental e seus Pressupostos. *Veritas* (Porto Alegre), v. 37, n. 147, set. 1992, 325-363.

_____. A nova Proposta Ética de Emmanuel Levinas. *Cadernos da FAFIMC* (Viamão). V. especial, n. 13, 1995, 47-62.

_____. Ética da Alteridade. In: OLIVEIRA, Manfredo Araújo de (org.). *Correntes Fundamentais da Ética Contemporânea*. Petrópolis: Vozes, 2000, 79-97.

_____. Responsabilidade e Culpa em E. Levinas. *Cadernos da FAFIMC* (Viamão) v. 19, 1998, 87-107.

POIRIÉ, François. *Emmanuel Lévinas: ensaio e entrevistas*. São Paulo: Perspectiva, 2007.

RIBEIRO Jr., Nilo. Ética e alteridade: a educação como sabedoria da paz. *Conjectura* (Florianópolis), v. 14, n. 3, 2009, 59-60.

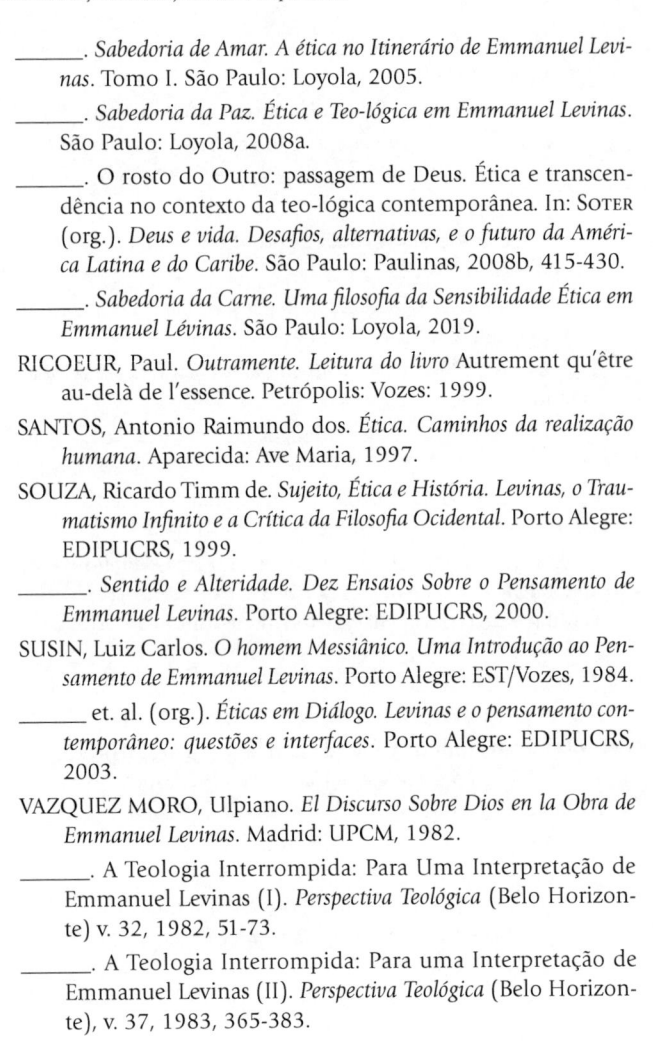

_____. *Sabedoria de Amar*. A ética no Itinerário de Emmanuel Levinas. Tomo I. São Paulo: Loyola, 2005.

_____. *Sabedoria da Paz*. Ética e Teo-lógica em Emmanuel Levinas. São Paulo: Loyola, 2008a.

_____. O rosto do Outro: passagem de Deus. Ética e transcendência no contexto da teo-lógica contemporânea. In: SOTER (org.). *Deus e vida. Desafios, alternativas, e o futuro da América Latina e do Caribe*. São Paulo: Paulinas, 2008b, 415-430.

_____. *Sabedoria da Carne*. Uma filosofia da Sensibilidade Ética em Emmanuel Lévinas. São Paulo: Loyola, 2019.

RICOEUR, Paul. *Outramente*. Leitura do livro Autrement qu'être au-delà de l'essence. Petrópolis: Vozes: 1999.

SANTOS, Antonio Raimundo dos. *Ética. Caminhos da realização humana*. Aparecida: Ave Maria, 1997.

SOUZA, Ricardo Timm de. *Sujeito, Ética e História*. Levinas, o Traumatismo Infinito e a Crítica da Filosofia Ocidental. Porto Alegre: EDIPUCRS, 1999.

_____. *Sentido e Alteridade*. Dez Ensaios Sobre o Pensamento de Emmanuel Levinas. Porto Alegre: EDIPUCRS, 2000.

SUSIN, Luiz Carlos. *O homem Messiânico. Uma Introdução ao Pensamento de Emmanuel Levinas*. Porto Alegre: EST/Vozes, 1984.

_____ et. al. (org.). *Éticas em Diálogo*. Levinas e o pensamento contemporâneo: questões e interfaces. Porto Alegre: EDIPUCRS, 2003.

VAZQUEZ MORO, Ulpiano. *El Discurso Sobre Dios en la Obra de Emmanuel Levinas*. Madrid: UPCM, 1982.

_____. A Teologia Interrompida: Para Uma Interpretação de Emmanuel Levinas (I). *Perspectiva Teológica* (Belo Horizonte) v. 32, 1982, 51-73.

_____. A Teologia Interrompida: Para uma Interpretação de Emmanuel Levinas (II). *Perspectiva Teológica* (Belo Horizonte), v. 37, 1983, 365-383.

Edições Loyola

editoração impressão acabamento

Rua 1822 n° 341 – Ipiranga
04216-000 São Paulo, SP
T 55 11 3385 8500/8501, 2063 4275
www.loyola.com.br